Anton Schaller

Soll ich helfen oder nicht?

15 außergewöhnliche Geschichten aus dem Alltag
für Ethik, Religion und Soziales Lernen

ab Klasse 7

Kopiervorlagen

Zeichenerklärung

 Geschichte

 Fragen zum Inhalt

 Fragen allgemein

 Rollenspiele

 Arbeitsaufgaben

Gedruckt auf umweltbewusst gefertigtem, chlorfrei gebleichtem
und alterungsbeständigem Papier.

1. Auflage 2011
Nach den seit 2006 amtlich gültigen Regelungen der deutschen Rechtschreibung
© by Brigg Pädagogik Verlag GmbH, Augsburg
Alle Rechte vorbehalten.
Das Werk und seine Teile sind urheberrechtlich geschützt. Jede Nutzung in anderen als den gesetzlich zugelassenen Fällen bedarf der vorherigen schriftlichen Einwilligung des Verlages. Hinweis zu § 52a UrhG: Weder das Werk noch seine Teile dürfen ohne eine solche Einwilligung eingescannt und in ein Netzwerk eingestellt werden. Dies gilt auch für Intranets von Schulen und sonstigen Bildungseinrichtungen.
Illustrationen: Corina Beurenmeister

ISBN 978-3-87101-759-9   www.brigg-paedagogik.de

Inhalt

Vorwort 4

1 Allein zu Hause 5
   Kinder helfen krankem Mitschüler

2 Ausgenutzt 9
   Busfahrer hilft Schwarzfahrer

3 Bis zum letzten Atemzug 14
   Krankenschwester kümmert sich um Sterbende

4 „Markus war's!" 18
   Hilfe trotz Frust

5 Gleis 10 23
   Bettler hilft – kein Dank

6 Autostopp 28
   Nach der Hilfe: Erpressung

7 Nachtschwester Eva 33
   Vorurteile gegenüber Ausländern

8 Einen Zehner für den Armen 38
   Organisiertes Betteln

9 „Schnell, eine Cola!" 43
   Hilfe, die belohnt wird

10 Die falsche Aussage 48
   Falsches Alibi als Freundschaftsdienst

11 Fast zu spät 53
   Fahrerflucht – Reue

12 „Wenn ich das gewusst hätte!" 58
   Schroffes Ablehnen von Hilfe

13 „Ich kann nicht mehr!" 63
   Ein Junge will helfen, muss zu schwer arbeiten

14 „Hilfe, ich ertrinke!" 68
   Vorgetäuschte Notlage

15 „Ich bräuchte dringend ein wenig Kohle!" 73
   Mitleidsmasche soll Geld bringen

Vorwort

In diesem Buch berichten Menschen davon, wie sie anderen in den verschiedensten, echten oder vorgetäuschten Notlagen geholfen haben. Die 15 Geschichten erzählen, wie unterschiedlich die Situationen sein können, in denen sich jemand die Frage stellt: „Soll ich helfen oder nicht?"
Hilfsbereitschaft, Einfühlungsvermögen, Mitleid und Gerechtigkeitsempfinden sind nur einige der Tugenden, die in diesen Berichten eine große Rolle spielen, aber auch die Fähigkeit „Nein!" zu sagen, wenn man getäuscht oder ausgenutzt wird.
Die Geschichten liefern vor allem für den Unterricht in Ethik, Religion und für Soziales Lernen wertvolle Impulse, die zum intensiven Nachdenken und Diskutieren anregen.
Dieser Band soll Jugendliche in einer Zeit, die sehr stark von Egoismus und Rücksichtslosigkeit geprägt ist, dazu animieren, sich mehr um das Wohl des Nächsten zu kümmern. Die Geschichten helfen ihnen zu verstehen, dass jeder Mitverantwortung trägt, unsere Welt freundlicher oder aber unfreundlicher zu gestalten. Zu dieser Verantwortung gehört allerdings auch, seinen Verstand einzuschalten, um wirkliche Notsituationen von vorgetäuschten unterscheiden zu können.

Der Autor
Anton Schaller

Methodische Hinweise

1. Besprechen der Impulsbilder (Einstieg in das Thema)
2. Lesen der Impulsgeschichte mit anschließender Diskussion:
   - Worum geht es in der Geschichte?
   - Was ist zu den Charakteren der Figuren zu sagen?
   - Welche Gefühle empfinden die handelnden Personen?
   - Wie könnte die Geschichte ausgehen, wenn die Personen anders denken und handeln würden?
   - Diskussionsfragen beantworten
3. Rollenspiel:
   - Die gelesene Geschichte nachspielen (Dialoge erarbeiten)
   - Bewusstes Einsetzen von Mimik und Gestik
   - Besprechung: Wie hast du dich in dieser Rolle gefühlt? Würdest du diese Rolle gerne anders spielen? Hast du einmal eine ähnliche Situation erlebt? Was hast du damals gedacht, gefühlt, gespürt?
   - Beobachtungen der Zuschauer besprechen und auswerten.

Aus Gründen der leichteren Lesbarkeit wurde auf geschlechtsdifferenzierte Formulierungen wie Schüler/-in, Lehrer/-in verzichtet.

1. Allein zu Hause

Was denkt sich der kranke Junge?
Was denkt sich sein Freund?
Wie geht es dir, wenn du krank bist?
Besuchst du deine Freunde (Freundinnen), wenn sie krank sind?
Worüber freuen sich kranke Menschen ganz besonders?
Was vertragen kranke Menschen am wenigsten?
Welche Krankheiten kennst du?

1. Allein zu Hause

(Sami, 12) „Weiß einer von euch, was mit Pedro los ist?", fragte der Klassenlehrer, während er den Kalender durchblätterte. „Er fehlt jetzt schon die zweite Woche …"
„Er hat die Masern", meldete ich mich. „Pedro muss die ganze Zeit im Bett liegen."
„Das hätte mir auch jemand sagen können", murmelte der Lehrer mit gerunzelter Stirn. „Schließlich ist es üblich, dass die Eltern die Schule verständigen, wenn …"
„Aber Pedros Eltern sind gar nicht zu Hause!", warf ich ein, „sie befinden sich auf Geschäftsreise irgendwo in Afrika!"
„Und wer kümmert sich um Pedro?", fragte der Lehrer.
„Nur eine Nachbarin, die manchmal bei ihm vorbeischaut. Aber meistens ist Pedro ganz allein. Deshalb gehe ich jeden Tag nach der Schule zu ihm und frage ihn, wie es ihm geht. Außerdem erkläre ich ihm, was wir alles gelernt haben. Schließlich soll Pedro nichts Wichtiges versäumen."
„Das ist sehr nett von dir", lobte mich der Lehrer. „Aber hast du keine Angst, dich anzustecken?"
Einige Sekunden lang zögerte ich mit der Antwort. Gespannt schauten mich meine Mitschüler an.
„Doch, Angst habe ich schon etwas", gestand ich dann und zuckte mit den Achseln. „Aber soll ich deswegen meinen Freund im Stich lassen? Wenn ich nicht zu ihm komme, ist er lange Zeit ganz allein und weint, weil er so traurig ist. Sollte ich krank werden, ist es nicht so schlimm, denn meine Mutter ist den ganzen Tag zu Hause und kann sich um mich kümmern."
„Deine Einstellung finde ich super!", lobte mich der Lehrer. „Wenn nur mehr Menschen auf der Welt so denken würden, gäbe es weniger Unglück und Leid."
„Ich komme heute nach der Schule mit dir!", riefen sofort einige Mitschüler. „Wir besuchen Pedro gemeinsam, dann wird er sich sicher freuen."
„Wieso hast du uns das nicht früher gesagt?", wollte Lisa wissen.
„Weil ich gedacht habe, dass es euch egal ist", murmelte ich und blickte verschämt zu Boden. „Ihr mögt Pedro nicht, weil er so still ist, und lacht ihn nur aus. Dabei kann er ja nichts dafür, dass er manchmal stottert …"

1. Allein zu Hause

Was hat der Lehrer durchgeblättert?
☐ das Klassenbuch
☐ den Kalender
☐ das Heft

Welche Krankheit hatte Pedro?
☐ Grippe
☐ Keuchhusten
☐ Masern

Wo befanden sich die Eltern von Pedro?
☐ in Österreich
☐ in Amerika
☐ in Afrika

Wer kümmerte sich manchmal um Pedro?
☐ seine Großmutter
☐ eine Nachbarin
☐ seine Tante

Wie heißt der Junge, der die Geschichte erzählt?
☐ Pedro
☐ Martin
☐ Sami

Welche Eigenschaften treffen auf Pedro zu?
☐ lebhaft und sportlich
☐ still und manchmal stotternd
☐ frech und auffallend

Wie ist die Einstellung der Mitschüler zu Pedro am Ende der Geschichte?
☐ unverändert
☐ viel besser
☐ viel schlechter

1. Allein zu Hause

Fragen allgemein

1. Was für ein Mensch ist Pedro? Ist er in der Klasse beliebt? Wie verhält er sich wahrscheinlich während des Unterrichts, wie zu seinen Mitschülern?
2. Was für ein Mensch ist Sami?
3. Welche Gründe gibt es, warum ein Schüler von der Klasse nicht angenommen oder sogar abgelehnt wird?
4. Was für Gründe kann es geben, dass sich die Eltern von Pedro nicht um ihren Sohn kümmern?
5. Beschreibe die Gefühle, die Pedro hat, wenn er ganz allein zu Hause im Bett liegt und sich niemand um ihn sorgt!
6. Überlege, was in den Köpfen der Mitschüler vor sich geht, als sie erfahren, dass Pedro krank ist.
7. Wie würdest du einem Mitschüler helfen, wenn du weißt, dass er krank ist?

Rollenspiele

1. Du besuchst zusammen mit einigen Mitschülern den kranken Jungen. Wie könnte das Gespräch verlaufen?
2. Pedro wird wieder gesund und kommt nach langer Zeit zum ersten Mal wieder in die Schule. Was sagen Lehrer, Mitschüler und er selbst?
3. Vater und Mutter kehren nach ihrer Reise wieder nach Hause zurück und begrüßen Pedro. Worüber wird der Junge berichten?

Arbeitsaufgaben

1. Biete einmal einem Mitschüler, der von der Klasse nicht akzeptiert wird und wenig Freunde hat, deine Hilfe an.
2. Besuche einen kranken Mitschüler und hilf ihm beim Nachlernen des versäumten Unterrichtsstoffes!
3. Besuche einmal ein dir fremdes Kind im Krankenhaus, bring ihm eine Kleinigkeit mit und unterhalte dich mit ihm über seine Sorgen und Probleme, aber auch über seine Freuden und Vorlieben!

2. Ausgenutzt

2. Ausgenutzt

(Harry, 39) Ich habe als Busfahrer in einer Großstadt schon sehr viel erlebt, doch das, was sich neulich ereignet hat, schlägt dem Fass den Boden aus.

Ich hielt an einer der belebtesten Haltestellen in der Innenstadt an und zuckte leicht zusammen, als ich einen unserer Kontrolleure erkannte. „Der Mann wird doch nicht in meinen Bus einsteigen und die Tickets der Fahrgäste überprüfen!", ging es mir durch den Kopf, denn irgendwie fühlte ich mich bei einer solchen Aktion auch selbst kontrolliert.

Fauchend öffneten sich die Türen und tatsächlich steuerte der Mann, der unauffällig gekleidet war, meinen Bus an. Er grüßte knapp und holte dann, als ich wieder anfuhr, seinen Ausweis aus der Westentasche. „Darf ich bitte Ihren Fahrausweis sehen?", wandte er sich mit strenger Miene an die Passagiere, die bereitwillig ihre Tickets oder Monatskarten hervorkramten.

Als der Mann jedoch bei einem hochgewachsenen Jungen ankam, dessen Gesicht von unzähligen Pickeln übersät war, begann das Problem. Ich beobachtete den Vorgang im Rückspiegel, denn der Junge saß schräg hinter mir. Er begann nervös in seinen Taschen herumzukramen, während seine Augen ängstlich flackerten und sich Hilfe suchend auf mich richteten.

Mir tat der Junge leid. Ausgerechnet heute hatte er anscheinend seinen Fahrausweis vergessen und ich beschloss, ihm aus der Patsche zu helfen.

„Das geht in Ordnung", rief ich nach hinten. „Der Junge wollte ein Ticket bei mir kaufen, aber ich konnte ihm nicht herausgeben. Sobald ich genügend Kleingeld beisammen habe ..."

„Okay!", brummte der Kontrolleur nach kurzem Zögern und wandte sich dem nächsten Fahrgast zu.

Ich atmete auf. Der Junge ebenfalls.

Als er dann wenige Stationen später beim Aussteigen an mir vorbeikam, grinste er mich an und sagte: „Gut gemacht, Mister! Diesem Idioten haben Sie es gezeigt. Vielen Dank dann und tschüss!" Und draußen war er.

Ich hatte eigentlich mit einer anderen Reaktion gerechnet und schüttelte den Kopf. Hatte ich durch meine Notlüge einen Jungen vor Schaden bewahrt oder einem notorischen Schwarzfahrer zu einem weiteren Erfolg verholfen? Ich wusste es nicht und machte mir so meine Gedanken.

Bis ich dann zwei Tage später genau wusste, dass ich ein Idiot gewesen war. Der gleiche Junge stieg nämlich lässig grinsend vorne bei mir ein, zwinkerte mir kameradschaftlich zu und murmelte so leise, dass es die anderen nicht hören konnten: „Sie erinnern sich doch an mich, ja? Ich habe wieder keine Fahrkarte, aber das ist ja kein Problem, oder? Sollte wieder eine Kontrolle sein ..."

Nun reichte es mir. Ich schoss von meinem Sitz auf, packte den Jungen an seinem ausgebleichten T-Shirt und schob ihn aus dem Bus hinaus.

2. Ausgenutzt

„Ein zweites Mal bin ich nicht mehr so dumm!", donnerte ich mit wütender Stimme, „dass ich einem Schwarzfahrer helfe. Du hast mir neulich leid getan und ich dachte, du hättest ausnahmsweise dein Ticket vergessen. Doch ich sehe, du hast nicht kapiert, warum ich dir geholfen habe. Kerle wie du sollen auf die Schnauze fallen, denn ihr lebt auf Kosten der Allgemeinheit. Du kommst mir nur noch mit einer gültigen Fahrkarte in meinen Bus! Hast du mich verstanden?"

Und ich schwor mir, nie mehr jemanden in Schutz zu nehmen, den ich nicht kenne und dessen Absichten mir unbekannt sind.

Ob das richtig und gerecht ist, weiß ich nicht. Doch wenn ich an diesen Jungen denke, kommt mir heute noch die Galle hoch.

2. Ausgenutzt

Wie war der Kontrolleur bekleidet?

☐ mit einer schwarzen Lederjacke und Jeans
☐ mit der Uniform des Verkehrsunternehmens
☐ unauffällig

Wie sah der Junge aus?

☐ klein, dick, hatte rote Haare
☐ hochgewachsen, hatte Pickel im Gesicht
☐ sportlich, kräftig

Wie half der Busfahrer dem Jungen aus der Patsche?

☐ „Den Jungen habe ich schon kontrolliert!"
☐ „Er wollte ein Ticket bei mir kaufen, aber ich konnte ihm nicht herausgeben."
☐ „Ich habe sein Ticket versehentlich zerrissen."

Was sagte der Junge beim Aussteigen?

☐ „Herzlichen Dank, dass Sie mir geholfen haben!"
☐ „Diesem Idioten haben Sie es gezeigt!"
☐ „Das nächste Mal fahre ich wieder schwarz!"

Zwei Tage später tauchte der Junge wieder auf und sagte zum Busfahrer:

☐ „Ich habe wieder keine Fahrkarte, aber das ist ja kein Problem, oder?"
☐ „Würden Sie mich bitte noch einmal mitnehmen?"
☐ „Heute habe ich aber meinen Ausweis dabei!"

2. Ausgenutzt

Fragen allgemein

1. Hat der Busfahrer mit seiner Notlüge richtig gehandelt?
2. Was für einen Charakter hat der Busfahrer?
3. Was für einen Charakter hat der Junge?
4. Ist Schwarzfahren nur einfach cool oder ist es mehr?
5. Wem fügen die Schwarzfahrer Schaden zu?
6. Welche anderen Situationen im Leben kann es geben, in denen jemand einem anderen mit einer Notlüge hilft?
7. Was hättest du als Busfahrer unternommen?

Rollenspiele

1. Nehmen wir an, der Kontrolleur geht der Sache auf den Grund und verhört den Busfahrer und den Jungen. Wie könnten sich die Dinge entwickeln?
2. Der Junge erzählt seinen Freunden von der Busfahrt, bei der ihm der Fahrer geholfen hat. Wie könnte das Gespräch verlaufen?
3. Nehmen wir an, der Junge probiert sein Glück ein drittes Mal. Der Fahrer ist ein anderer, doch wieder wird kontrolliert. Welches Gespräch wird nun stattfinden?

Arbeitsaufgaben

1. Befrage einmal deine Mitschüler, ob sie sich auch schon einmal ausgenutzt vorgekommen sind, und fertige ein Protokoll an! Lass dir die Situationen genau schildern!
2. Gestalte ein Plakat, auf dem festgehalten ist, auf welche verschiedene Arten Menschen ausgenutzt werden. Denk dabei auch an vergangene Zeiten und/oder an andere Länder, wo Menschen ständig ausgenutzt werden (Beispiele: Plantagenarbeiter, Arbeitssklaven usw.).

3. Bis zum letzten Atemzug

3. Bis zum letzten Atemzug

(Siegfried, 38) „Mein Vater muss also wirklich auf dem Gang hier liegen?", fragte ich, während Irma, meine kleine Tochter, dem alten Herrn zärtlich übers eingefallene Gesicht strich.

„Ja! Schließlich platzen wir aus allen Nähten!", kam die etwas schnippische Antwort der Stationsschwester. „Laufend kommen neue Unfallopfer und Schlaganfall-Patienten herein. Die brauchen unsere Intensivbetten sicher mehr als Ihr Vater ..."

„... bei dem ohnehin nichts mehr zu machen ist", fügte ich bitter hinzu und die Schwester nickte mit ihrem Kopf. „Genau darum geht es! Ihrem Vater kann keiner mehr helfen – leider! Sie wissen das genauso wie ich. Es ist nur noch eine Frage von wenigen Wochen, bis ..."

„Danke, Schwester! Das genügt!", murmelte ich und packte meine Tochter fest an der Hand. „Komm, Irma, wir gehen! In diesem Haus ist es so kalt wie in einer Tiefkühltruhe. Ich werde geeignete Schritte unternehmen ..."

Wenig später wurde der todkranke Mann ins Hospiz der Barmherzigen Brüder überstellt. Hier umfingen ihn Wärme, Menschlichkeit und ganz persönliche Zuwendung. Schwester Agnes kümmerte sich in rührender Weise um den alten Herrn – und dies nicht nur, weil es ihr Job war, sondern auch, weil es ihr Freude machte.

Ihre Liebe galt den kranken, schmerzgeplagten Menschen, die an ihrem letzten Stück des Weges angekommen waren und für die der Tod eine Erlösung sein würde.

Diese letzte Zeit wollte Schwester Agnes so menschlich und menschenwürdig wie nur möglich gestalten. Stundenlang saß sie an den Betten der Patienten, hielt deren zitternde Hände und sprach beruhigend und tröstend auf sie ein. Irma und ich waren jedes Mal tief berührt, wenn wir von unseren Besuchen nach Hause kamen. Schwester Agnes war für uns ein Engel. Rührend nahm sie sich der hilflosen Menschen an und betreute sie wie ihre eigenen Verwandten.

Und jedes Mal, wenn für einen Todkranken die letzte Stunde kam, war es auch für Schwester Agnes kein leichter Abschied und sie spürte tiefe Trauer. Wieder hatte sich einer ihrer Schützling auf die große unbekannte Reise gemacht.

Doch das Gefühl, alles für diese Menschen getan zu haben, erfüllte sie mit großer Freude.

Und eines Tages war es dann auch mit meinem Vater so weit: Der alte Herr entschlief mit einem feinen Lächeln auf seinem Gesicht. Tiefer Friede umgab den Verstorbenen. Alle Verwandten standen mit Tränen in den Augen an seinem Bett. Wir waren Schwester Agnes unendlich dankbar für ihren selbstlosen Einsatz und für ihre Fürsorglichkeit.

3. Bis zum letzten Atemzug

Wo musste der alte Herr liegen?
☐ in einer Abstellkammer
☐ auf dem Gang
☐ im Krankenzimmer

Was war der Grund dafür?
☐ Keiner hatte Mitleid.
☐ Das Krankenhaus war überfüllt.
☐ Der alte Herr wollte dies so.

Die Schwester im Krankenhaus sagte:
☐ „Ihr Vater wird schon wieder auf die Beine kommen!"
☐ „Ihr Vater kommt in ein richtiges Zimmer, sobald eines frei wird."
☐ „Ihrem Vater kann keiner mehr helfen!"

In welches Hospiz wurde der kranke Mann dann überstellt?
☐ ins Hospiz der Barmherzigen Schwestern
☐ ins Hospiz der Barmherzigen Brüder
☐ ins Hospiz von Mutter Teresa

Was spürte Schwester Agnes jedes Mal, wenn ein Patient starb?
☐ tiefe Trauer
☐ Erleichterung
☐ einen Stich in ihrem Herzen

Schwester Agnes machte diese Arbeit …
☐ … wegen des Geldes, das sie verdiente.
☐ … wegen ihrer Liebe zu den kranken Menschen.
☐ … wegen ihres großen Ehrgeizes.

3. Bis zum letzten Atemzug

Fragen allgemein

1. Was für ein Mensch ist Siegfried Ploch?
2. Was für ein Mensch ist die Schwester im Krankenhaus?
3. Was für ein Mensch ist Schwester Agnes, die im Hospiz arbeitet?
4. Was ist überhaupt ein Hospiz?
5. Versetze dich in die Lage des todkranken Vaters! Welche Gedanken gehen ihm durch den Kopf?
6. Wie wird das kleine Mädchen Irma dieses Erlebnis verkraften? Was wird sie später, wenn sie selbst einmal Kinder hat, über ihren Großvater erzählen?
7. Hast du schon einmal einen Menschen verloren? Welche Gefühle hast du damals verspürt?

Rollenspiele

1. Spiele das Gespräch nach, das du führen würdest, wenn jemand, den du sehr gerne hast, unter so menschenunwürdigen Zuständen im Krankenhaus liegen würde (Gespräch mit dem Arzt, mit der Krankenschwester, mit anderen Patienten).
2. Du sprichst mit Schwester Agnes und versuchst zu ergründen, warum sie sich so um die Kranken kümmert, wie es nur wenige Menschen tun (können/wollen).
3. Nehmen wir an, du bist selbst schwer krank und kommst mit einem Jugendlichen ins Gespräch, der nur nach dem Motto lebt: Ich möchte Spaß – und das rund um die Uhr. Dieser Jugendliche möchte nur die Sonnenseiten des Lebens akzeptieren und blendet Krankheiten, Alter und Tod vollkommen aus.
4. Du liegst im Krankenhaus neben einem Gleichaltrigen, dem es wesentlich besser geht als dir. Trotzdem jammert dieser in einem fort und glaubt, er sei der ärmste Mensch der Welt. Wie tröstest du diesen Jugendlichen?

Arbeitsaufgaben

Besuche einmal einen einsamen Menschen, dessen Tod nicht mehr allzu fern ist und versuche, ihn ein wenig aufzumuntern!

4. „Markus war's!"

4. „Markus war's!"

(Markus, 22) Ich erinnere mich noch genau, als ich in die zweite Klasse Grundschule ging. Meine Eltern und ich wohnten damals in einem alten, ziemlich heruntergekommenen Mietshaus, in dem es ständig nach irgendwelchen Küchendünsten roch. Unter uns wohnte eine alleinstehende alte Frau, die schon schlecht hörte und schlecht sah. Wenn sie redete, sah man ihr schadhaftes Gebiss, in dem einige Zähne wie braune Stummel aus dem Kiefer ragten.

Eines Tages klingelte sie ganz aufgeregt an unserer Wohnungstür und erzählte meiner Mutter mit wilden Handbewegungen, dass sie mich beim Einschlagen einer Fensterscheibe im Parterre unseres Mietshauses beobachtet hätte.

„Nein, das stimmt nicht!", verteidigte ich mich, als mich meine Mutter geholt und befragt hatte. „Ich bin's bestimmt nicht gewesen! Frau Lercher muss mich mit jemandem verwechseln!"

„Das tue ich ganz bestimmt nicht!", schrie die alte Frau. „Ich hab's mit meinen eigenen Augen gesehen. Markus war's, das schwöre ich! Außerdem hat der Junge noch immer die gleiche blaue Jeans an!"

„Eine Jeans haben doch alle Jungs!", rief ich. „Das ist doch kein Beweis!"

„Wann haben Sie diesen Vorfall beobachtet?", wandte sich meine Mutter an Frau Lercher.

„Vor einer halben Stunde etwa!"

„Da warst du nicht da, Markus ...", meinte meine Mutter. „Ich war gegenüber im Park bei den Schaukeln!", erwiderte ich und stampfte zornig auf, denn ich war sehr wütend.

„Aber Frau Lercher sagt, dass sie dich beobachtet hat! Auf dem Heimweg hättest du die Scheibe einschlagen können, Markus!"

„Aber ich hab's nicht getan!", rief ich. „Ich habe doch keinen Grund ..."

„Das ist der pure Übermut", wusste Frau Lercher sofort eine Erklärung. „Die heutige Jugend hat ja nur Unsinn im Kopf und bedenkt gar nicht, welchen Schaden sie dabei anrichtet!"

„Gut, Frau Lercher", sagte meine Mutter dann, die nicht ewig zwischen Tür und Angel diskutieren wollte. „Wenn Sie Markus mit Sicherheit erkannt haben, dann muss das geklärt werden und er wird angemessen bestraft!"

„Ich bin unschuldig!", begann ich nun zu weinen. Die Tür knallte zu, meine Mutter wollte mit mir reden, aber ich ging einfach in mein Zimmer. Kein Mensch glaubte mir und ich war richtig sauer. Sauer auf die alte Frau, die mich zu Unrecht beschuldigt hatte, und sauer auf meine Mutter, die mir nicht glaubte.

Zwei Wochen später begegnete ich Frau Lercher im Treppenhaus. Sie schleppte gerade zwei volle Einkaufstaschen und schnaufte dabei wie eine Dampflokomotive. Als sie mich sah, bettelten ihre großen Augen um Hilfe.

„Die alte Hexe soll ihren Mist allein hinauftragen", ging es mir durch den Kopf und

4. „Markus war's!"

ich eilte grußlos an ihr vorüber. „Die soll bloß nicht denken, dass ich alles vergessen habe!"

Doch als ich dann in unserer Wohnung ankam und den Schlüssel auf das kleine Tischchen legte, kamen mir trotz meiner Wut Zweifel, ob ich mich richtig verhalten hatte. War Frau Lercher wirklich eine böse Frau, die mich absichtlich verleumdet hatte? Oder war sie nur hundertprozentig von ihrer Meinung überzeugt, weil sie vielleicht nicht mehr so gut sah und mich mit jemandem verwechselt hatte? Vielleicht litt sie auch unter Einbildungen, weil ihr Gehirn verkalkt war? Konnte ich sie jetzt sozusagen zur Strafe mit den schweren Taschen wirklich alleine lassen?

„Ach was!", brummte ich und schlug mit der rechten Faust in meine linke Handfläche. „Ich geh' noch einmal runter zu ihr …"

Wie von einer fremden Hand gelenkt, sprang ich die Treppen hinunter und bot Frau Lercher meine Hilfe an. Die alte Frau war völlig überrascht. „Du – du willst mir wirklich helfen?"

Ich nickte stumm und griff nach ihren schweren Taschen.

Nachtrag: *Wenige Monate später verstarb Frau Lercher. Bei ihren Unterlagen fand man einen Brief, der im Haus an alle Bewohner weitergereicht wurde. Darin stand zu lesen:* „Ich bitte alle Menschen um Verzeihung, denen ich in meinem Leben Unrecht getan habe. Meine verschiedenen Behinderungen haben mich ungeduldig, mürrisch und launisch gemacht. Ich weiß, dass ich nicht allen Menschen in Liebe begegnen konnte!"

Als meine Mutter und ich diese Zeilen zu Ende gelesen hatten, war ich ziemlich durcheinander.

4. „Markus war's!"

In welche Klasse der Grundschule ging Markus?
☐ in die erste
☐ in die zweite
☐ in die dritte

Wonach roch es in dem alten Mietshaus?
☐ nach Rauch
☐ nach Tieren
☐ nach Küchendünsten

Welche Beschreibung passt auf Frau Lercher?
☐ weiße Haare, runzeliges Gesicht
☐ gekrümmter Rücken, Stock in der Hand
☐ schadhaftes Gebiss, dicke Brille

Markus war zur „Tatzeit" …
☐ … bei einem Freund.
☐ … mit dem Fahrrad unterwegs.
☐ … bei den Schaukeln.

Was führte Frau Lercher als Beweis an?
☐ Sie erkannte die Hose des Jungen wieder.
☐ Sie erkannte ihn an seinen Haaren.
☐ Sie erkannte ihn an seinem blauen T-Shirt.

Was wollte Frau Lercher nach oben schleppen?
☐ eine volle Einkaufstüte
☐ zwei volle Einkaufstaschen
☐ einen Korb mit Getränken

Welche Eigenschaften treffen auf Markus zu?
☐ verlogen und uneinsichtig
☐ hilfsbereit, einfühlsam
☐ nachtragend, eigenwillig

21

4. „Markus war's!"

Fragen allgemein

1. Was für ein Mensch ist die alte Frau? Welche Vorurteile hat sie? Unter welchen Behinderungen leidet sie?
2. Hast du eine ähnliche Situation selbst einmal erlebt?
3. Wie würdest du an Stelle von Markus reagieren?
4. Unter welchen Umständen verzeihst du jemandem etwas?
5. Was müsste geschehen, dass du jemandem überhaupt nicht verzeihen kannst?
6. Was ist zur Reaktion der Mutter zu sagen? Macht sie alles richtig?
7. Welche Umstände können die Wahrnehmung eines Menschen beeinträchtigen? (Umstände von außen/Umstände, die mit der Person selbst zusammenhängen)

Rollenspiele

1. Jemand beschuldigt dich, etwas Schlimmes (Diebstahl, Beschädigung ...) getan zu haben. Wie verteidigst du dich, ohne wütend zu werden?
2. Nehmen wir an, du hast einen Mitschüler verdächtigt, etwas angestellt zu haben und du bemerkst durch Zufall, dass du ihm Unrecht getan hast. Was sagst du?
3. Nehmen wir an, der Junge in dieser Geschichte beginnt mit der alten Frau zu streiten, als er sie mit den schweren Taschen im Treppenhaus antrifft. Du kommst zufällig vorbei und möchtest den Streit schlichten. Was sagst du?

Arbeitsaufgaben

1. Besuche einmal einen alten Menschen im Krankenhaus oder im Altersheim und schenke ihm ein klein wenig von deiner Zeit. Schreibe deine Erfahrungen, deine Eindrücke und deine Gefühle auf und besprich sie mit deinen Mitschülern!
2. Gestalte zusammen mit deinen Mitschülern ein Plakat (Texte, Bilder und Grafiken), auf dem die Unterschiede erkennbar sind, wie die heutige Jugend lebt – im Gegensatz zur Jugend vor wenigen Jahrzehnten. Was haben die Jugendlichen damals gar nicht gekannt, welche Vor- und Nachteile hat ihr Leben gehabt?

5. Gleis 10

5. Gleis 10

(Viktor, 44) „Hätten Sie vielleicht 'nen Euro übrig?", frage ich die vorbeihastenden Menschen und halte ihnen einen schmutzigen Plastikbecher unter die Nase. Kopfschütteln, bedauerndes Lächeln oder wütende Blicke sind die Antwort. Jeder hat es eilig. Die Züge warten nicht. Der Eingang zum Hauptbahnhof saugt die Menschen auf. Lautsprecherdurchsagen dröhnen bis nach draußen.

Ich humple weiter. Mein rechter Fuß schmerzt. Doch ohne Geld für die Praxisgebühr kann ich nicht zum Arzt gehen. Mit dem Hartz-IV-Geld ist ärztliche Versorgung oft schwierig. Ich gehe auf eine gutmütig wirkende ältere Frau zu, die es nicht so eilig zu haben scheint wie all die anderen Fahrgäste. Sie führt einen Pudel spazieren, der mal nach links und mal nach rechts zerrt. Ich streiche die strähnigen Haare aus dem Gesicht und bemühe mich um ein freundliches Lächeln, was angesichts der fehlenden Vorderzähne natürlich kläglich ausfällt. „Hätten Sie was übrig für 'nen armen Obdachlosen?"

Blitzschnell verwandelt sich das gutmütige Gesicht der Frau in eine Fratze des Zorns. Die Augen funkeln, ihr ganzer Körper beginnt zu beben. „Was erlauben Sie sich eigentlich? Ist man denn in dieser Stadt nicht einmal am Tag vor Gesindel sicher? Ich rufe die Polizei ..."

„Schon gut, schon gut!", presse ich zwischen meinen Zähnen hervor. „Warum die Aufregung? Es hat Ihnen doch kein Mensch was getan, oder?"

„Das wär' ja noch schöner!"

„Fragen wird man ja wohl noch dürfen!"

„Verschwinden Sie – Sie asoziales Subjekt!", ruft mir die Frau noch hinterher und zieht heftig an der Leine. „Leute wie Sie gehören ins Arbeitslager! Da würde Ihnen das Lotterleben schon vergehen!"

Ich höre gar nicht mehr hin. Ich lasse mich mit dem Strom der Reisenden ins Innere des Bahnhofs spülen, stehe wenig später am Geländer, blicke auf die vielen Züge hinunter und atme den Geruch von Schienenöl, Diesel und Metall ein. Den Geruch der Freiheit, wie ich immer sage. Das Bild der aufgebrachten Frau ist plötzlich wieder in meinem Kopf. Der Hass in ihren Augen, die Wut über die Außenseiter der Gesellschaft. Und ich denke zurück an die Zeiten, als ich noch Mitglied dieser Gesellschaft gewesen bin. Ein tüchtiger, aufstrebender junger Mann, der das Pech gehabt hat, die falsche Frau zu heiraten und den die Scheidung an den Rand des Ruins gebracht hat. Ein Schicksalsschlag kommt selten allein. Die Firma, in der ich es zu etwas bringen wollte, musste die Pforten für immer schließen. Und dann kamen die Absagen ...

Ich war draußen aus dem Arbeitsprozess und mit einem Schlag ein Sozialfall. Wieder fährt irgendwo ein Zug mit kreischenden Bremsen ein. Es ist heiß. Ich wische mir übers schweißnasse Gesicht und setze mich schwerfällig in Bewegung. Über die Rolltreppen gelange ich hinunter zum Gleis 10 und setze mich auf

5. Gleis 10

einen der Drahtstühle. Nervös starren die wartenden Leute in die Richtung, aus der der nächste Zug kommen muss.

Tauben tippeln ungeniert zwischen den Passagieren herum und picken nach Brotkrumen.

Ein kleines Mädchen löst sich von seiner Mutter und will eine Taube fangen.

Ich sehe die kleinen Füße mit den bunten Ringelsocken, wie sie über den Bahnsteig tippeln.

„Bleib hier, Carina!", schreit die Mutter, doch das kleine Mädchen hört anscheinend nichts. Sie läuft der Taube hinterher, will sie fangen – und da geschieht es:

Sie stolpert über die eigenen Füße, schreit auf und kullert über den Bahnsteig hinunter auf die Gleise.

Ich reagiere augenblicklich, verbeiße den Schmerz, den mir mein rechter Fuß bereitet, und stürze zum Unfallort. Mit einem Griff packe ich das kleine Mädchen und reiße es an mich.

Wenig später donnert der Zug heran.

Der Mutter stehen Tränen in den Augen. Ich spüre die Wärme, die meinen Körper durchflutet. Gleich würde ich gelobt werden, Dankbarkeit erfahren und wieder spüren, was es heißt, ein nützliches Mitglied der Gesellschaft zu sein.

Doch die Mutter reißt mir das Kind aus den Armen, drückt es fest an sich und wendet sich wortlos ab.

Ich stehe betroffen mitten auf dem Bahnsteig vor Gleis 10. Die wenigsten Leute um mich herum haben mitbekommen, was geschehen ist. Zu schnell ist alles gegangen.

Die Mutter verschwindet in der Menge.

Ich stehe wie angewurzelt auf dem Bahnsteig. Immer wieder werde ich von Reisenden angerempelt. Doch das nehme ich gar nicht wahr.

5. Gleis 10

Welcher Fuß schmerzt den bettelnden Mann?
- [ ] der rechte
- [ ] der linke

Die gutmütig wirkende Frau führt an der Leine …
- [ ] … einen Schäferhund.
- [ ] … einen Pudel.
- [ ] … einen Zwergpinscher.

Was versteht der Obdachlose unter „Geruch der Freiheit"?
- [ ] den Salzgeruch vom Meer
- [ ] den Geruch nach Schweiß
- [ ] den Geruch nach Schienenöl, Diesel und Metall

Warum ist der Obdachlose in eine so schlechte Lage geraten?
- [ ] durch eine schwere Krankheit
- [ ] seine Firma musste die Pforten schließen
- [ ] weil er im Gefängnis sitzen musste

Warum hat sich das kleine Mädchen von ihrer Mutter losgerissen?
- [ ] weil es ihre Freundin aus dem Kindergarten entdeckt hatte
- [ ] weil der Zug plötzlich einfuhr
- [ ] weil es eine Taube fangen wollte

Als der Obdachlose das Kind rettet, erwartet er …
- [ ] … dass ihn die Frau anschreit.
- [ ] … dass ihm die Frau dankbar ist.
- [ ] … dass sich die Frau umdreht und kein Wort sagt.

5. Gleis 10

Fragen allgemein

1. Welche Gefühle empfinden viele Menschen beim Anblick von Obdachlosen?
2. Welche Gründe kann es geben, dass jemand an den Rand der Gesellschaft gedrängt wird?
3. Warum ist es für viele Menschen so schwer, wieder den Weg zurück in die Gesellschaft zu finden?
4. Was würdest du jemandem erzählen, der dir sagt: „Mir könnte so etwas nie im Leben passieren! Dazu bin ich viel zu intelligent!"
5. Warum hat die Frau, deren Kind vom Obdachlosen gerettet wurde, so ablehnend reagiert?
6. Wie kann man Außenseitern der Gesellschaft helfen? Nur mit Geldspenden oder ... ?

Rollenspiele

1. Nehmen wir an, die Mutter reagiert normal und bedankt sich bei Viktor für die Rettung des Mädchens. Wie verläuft das Gespräch zwischen den beiden?
2. Nehmen wir an, du bist ein Sozialarbeiter (Streetworker) und hast die Aufgabe, Viktor wieder ins normale Leben zurückzuführen. Was würdest du unternehmen?
3. Viktor trifft einen Freund aus früheren Tagen. Wie könnte das Gespräch verlaufen?

Arbeitsaufgaben

1. Gestalte ein Plakat mit ausgeschnittenen Bildern (oder eigenen Zeichnungen), die darstellen, wodurch Menschen aus ihrer Bahn geworfen werden können. (Beispiel: Arbeitslosigkeit, Alkohol, Drogen ...)
2. Sprich mit einem Streetworker deiner Stadt über dieses Problem, mach dir Notizen und berichte dann deiner Klasse von den Ergebnissen!
3. Erkundige dich, welche Hilfen es in deiner Stadt für Menschen in Not gibt, und berichte dann deinen Mitschülern darüber!

6. Autostopp

Soll ich die beiden wirklich mitnehmen?

In welche Gefahr begebe ich mich unter Umständen?

Ah, das sind ja zwei Mädchen. Vor denen brauche ich keine Angst zu haben.

Irgendwann wird schon einer anhalten! Wäre doch gelacht, wenn wir als Mädels nicht von einem Kerl mitgenommen werden würden!

Was ist, wenn wir an einen Verbrecher geraten? Wir drehen den Spieß einfach um und bessern unsere Reisekasse ein wenig auf!

6. Autostopp

(Simon, 27) Ich saß mit zusammengekniffenen Augen hinter dem Steuer und hielt das Lenkrad fest umklammert. Um mich herum tobte ein heftiges Gewitter. Immer wieder zuckten grelle Blitze über den nächtlichen Himmel und sausten in wildem Zickzack auf die Erde nieder. Der Regen trommelte aufs Wagendach und spülte über die Windschutzscheibe, sodass man aufgrund der schlechten Sicht nur langsam fahren konnte.

Plötzlich tauchten in meinem Scheinwerferkegel zwei dunkle Gestalten auf, die aus dem Schutz eines vorspringenden Daches getreten waren. Beim Näherkommen erkannte ich blondes Haar, das im Wind flatterte. Die beiden Mädchen hoben die Daumen und baten auf diese Weise, mitgenommen zu werden.

Ich überlegte nicht lange. Bei diesem Sauwetter war es sicherlich kein Vergnügen, sich die Beine in den Bauch zu stehen und auf einen Autofahrer zu warten, der die beiden mitnahm. Außerdem gingen die Kids ein gewisses Risiko mit dieser Art zu reisen ein, denn wenn sie durch Zufall an den Falschen gerieten …

Ich bremste scharf und ließ das Seitenfenster herunter. „Wohin wollt ihr?", fragte ich die beiden, die an meinen Wagen herangetreten waren. Sie nannten einen Ort in 10 Kilometer Entfernung, der auf meinem Weg lag.

„Kommt, steigt ein, ich nehm' euch mit!", sagte ich dann und die beiden Mädchen ließen sich das nicht zweimal sagen. Sichtlich erleichtert verkrochen sie sich auf der Rückbank und wischten sich den Regen aus den Gesichtern.

„Super, dass Sie angehalten haben", meinte die Größere von ihnen und befreite sich von ihrem Rucksack, den sie neben sich hinstellte. „Wir stehen schon eine ganze Weile an dieser Ecke, doch nur ein einziger Autofahrer wollte uns mitnehmen."

„Und warum seid ihr dann nicht mit ihm gefahren?"

„Das war so ein brutaler Typ mit einem wilden Bart", erklärte mir das andere Mädchen. „Sogar im Gesicht hatte er Tätowierungen."

„Und er stank fürchterlich nach Alkohol", ergänzte ihre Freundin und schüttelte sich. „Wer weiß, was dieser Kerl mit uns gemacht hätte …"

„Tja, dann könnt ihr also von Glück reden, dass ich des Weges gekommen bin", lachte ich und konzentrierte mich wieder auf das Verkehrsgeschehen. „Vor mir braucht ihr keine Angst zu haben, ihr beiden, denn ich beiße nicht!"

Beide Mädchen lachten erleichtert.

Ich unterhielt mich die nächsten 20 Minuten ganz gut mit den beiden Teenagern, die auf dem Weg zu ihrer Herberge waren, und dann hatten wir das Ziel erreicht. Ich rollte auf den Parkplatz vor der Jugendherberge und wünschte den beiden eine gute Nacht. Doch dann kam der Hammer. Ich glaubte, meinen Ohren nicht zu trauen, als die Größere der beiden sich plötzlich vorbeugte und zu mir zischte: „Wir beide sind ziemlich knapp bei Kasse. Deshalb hätten wir gerne 100 Euro von dir!"

6. Autostopp

„100 Euro?", wiederholte ich fassungslos und schnappte nach Luft. „Ihr habt sie wohl nicht alle? Zuerst nehme ich euch in meinem Auto mit und dann …"

„Wir brauchen die Kohle", schaltete sich die andere ein. „Wir sind völlig pleite …"

„Sonst fangen wir an zu schreien und behaupten, Sie hätten versucht, uns an die Wäsche zu gehen", ergänzte ihre Freundin. „Eine versuchte Vergewaltigung käme Sie sicher teurer zu stehen …"

Ich dachte, ich wäre im falschen Film. So eine Unverfrorenheit hatte ich noch nie erlebt!

Ich wirbelte herum und funkelte die Mädchen wütend an. „Raus mit euch, aber auf der Stelle! Sonst zeige ich euch an wegen vorsätzlicher Verleumdung! Ich lasse mich von euch doch nicht erpressen. Was glaubt ihr denn eigentlich? Solche miesen Methoden habt ihr wahrscheinlich im Fernsehen gesehen und kommt euch jetzt besonders schlau vor. Also steigt aus und verschwindet auf der Stelle!

Mein harter Ton schien die Mädchen beeindruckt zu haben. Sie hatten sich die Sache sicherlich leichter vorgestellt. Schnell öffneten sie die Türen und verschwanden, ohne ein weiteres Wort zu sagen.

Voller Zorn schlug ich auf das Lenkrad und schäumte vor mich hin. Dann fuhr ich wieder los und fädelte mich in den Verkehr ein.

„Das hat man nun davon, wenn man jemandem hilft", ging es mir durch den Kopf und ich schwor mir, nie mehr in meinem Leben einen Autostopper mitzunehmen. War meine Entscheidung richtig oder falsch? Ich wusste es nicht.

6. Autostopp

Wo hatten die beiden Mädchen gestanden, bis sie vom Autofahrer mitgenommen wurden?
- [ ] im Regen auf der Straße
- [ ] unter einem vorspringenden Dach
- [ ] in einem Hauseingang

Der hilfsbereite Autofahrer …
- [ ] … musste einen kleinen Umweg machen, um die beiden Mädchen an ihr Ziel zu bringen.
- [ ] … musste keinen Umweg machen, da er sowieso in diese Richtung fuhr.

Das Gepäck der Mädchen bestand aus …
- [ ] … einem riesigen Koffer für beide.
- [ ] … aus zwei kleinen Koffern.
- [ ] … aus Rucksäcken.

Die beiden Mädchen waren auf dem Weg …
- [ ] … nach Hause.
- [ ] … zu einem Hotel.
- [ ] … zu einer Jugendherberge.

Warum sind die beiden Mädchen nicht mit dem Auto mitgefahren, das vorher angehalten hatte?
- [ ] weil der Mann ganz woanders hin musste
- [ ] weil der Mann gefährlich aussah
- [ ] weil der Mann für seine Hilfe Geld verlangte

Wie viel Geld wollten die beiden Mädchen von Simon?
- [ ] 50 Euro
- [ ] 100 Euro
- [ ] 200 Euro

6. Autostopp

Fragen allgemein

1. Was für einen Charakter haben die beiden Mädchen?
2. Wie nennt man eine Straftat, bei der über jemanden etwas erzählt wird, was gar nicht stimmt?
3. Warum ist es für Mädchen besonders gefährlich, Autostopp zu machen?
4. Wie können Autostopper ihr Risiko vermindern?
5. Welche Gefahren bestehen sonst noch für einen Autofahrer, der in der Nacht unbekannte Menschen mitnimmt?
6. Welche günstigen Reisemöglichkeiten gibt es insbesondere für Jugendliche?

Rollenspiele

1. Was würdest du dem Autofahrer aus diesem Bericht sagen, der maßlos enttäuscht ist und niemals mehr jemanden mitnehmen möchte?
2. Nehmen wir an, die beiden Mädchen aus diesem Bericht sind deine Freundinnen. Sie erzählen dir von ihrem Plan, auf diese Weise gutmütige Autofahrer erpressen zu wollen. Wie reagierst du?
3. Nehmen wir an, der Autofahrer fährt mit den beiden Mädchen zum nächsten Polizeirevier und macht eine Anzeige. Wie wird das Gespräch verlaufen?
4. Du bist selbst immer mal wieder Autostopper und willst den Mann in diesem Bericht dazu überreden, doch wieder einmal jemanden mitzunehmen, der am Straßenrand steht und die Hand hebt.

Arbeitsaufgaben

Gestalte ein Plakat und halte in Worten und/oder in Bildern fest, womit Menschen erpresst werden können. Durch welche Dinge wird jemand angreifbar? Welche „Geheimnisse" können bei Menschen aufgedeckt werden?

7. Nachtschwester Eva

7. Nachtschwester Eva

(Eva, 31) Die Finger der alten Frau griffen in die zerknüllten Laken, suchten nach Kraft zum Aufrichten. Mühevoll hob sie ihren ausgemergelten Arm, griff in die Luft, tastete nach Halt, fand irgendwann die Klingel und drückt sie mit letzter Kraft. Die alte Frau stöhnte auf, starrte in die Dunkelheit – dorthin, wo die Tür sein musste. Ich betrat das Zimmer und spürte die Aura des Todes, des Abschieds – ich spürte, dass das Unausweichliche passieren würde, begriff, dass ich sofort handeln musste. Fast automatisch griff ich zum Handy und rief den Arzt.

Wenig später donnerte die Tür gegen die Wand, schrammte der Rolltisch mit den Rettungsgeräten an der Tür entlang. Jeder Handgriff saß. Der Arzt arbeitete wie ein Besessener. Schweiß tropfte von seiner Stirn. Die Muskeln der sterbenden Frau kontrahierten, ausgelöst durch die Stromstöße, gaukelten noch Leben und Energie vor. Doch das Netz, das vor dem Sturz ins Jenseits bewahren sollte, war an vielen Stellen eingerissen.
Die letzten Sekunden der alten Frau waren angebrochen, dann verlosch die flackernde Flamme des Lebens, glühte noch für einen Moment. Dann war es zu Ende. Die Tatsache, den aussichtslosen Kampf verloren zu haben, belastete den Arzt und mich schwer, obwohl wir uns beide nichts vorzuwerfen hatten und wir so eine Situation immer wieder erleben mussten. Wir hatten getan, was wir tun konnten.
Doch da gab es jemanden, der uns in seiner Verzweiflung bitterböse Vorwürfe machte.
Die Tochter der Verstorbenen tauchte noch in den Nachtstunden auf und schrak zurück, als sie mich mit müdem Gesicht vor sich stehen sah.
„Sie hier?", hörte man ihre tränenerstickte Stimme, während ihre vom Schmerz verzerrten Gesichtszüge zu vibrieren schienen. „Sie tragen die Schuld am Tod meiner Mutter!"
„Niemand trägt hier irgendeine Schuld!", erklang die scharfe Stimme des Arztes. „Frau Hanusch hatte das Ende ihres Weges erreicht. Wir haben alles getan, um sie zu retten."
„Natürlich wissen Sie sich gut zu schützen!", lachte die Frau bitter auf. „Und es wird mir schwer fallen, Ihnen das Gegenteil zu beweisen. Aber ich kenne diese Schwester hier …" Die Hand der Frau richtete sich anklagend auf mich. „Sie hat früher in unserem Haus gewohnt. Sie ist nicht von hier, müssen Sie wissen."
„Ich weiß, Frau Hanusch, Schwester Eva stammt aus Polen."
„Eben! Genau darum geht es! Wieso hat diese Frau eine so verantwortungsvolle Stelle, hier, wo es um das Leben der Menschen geht? Ich bin sicher, mit einer einheimischen Krankenschwester wäre meine Mutter noch am Leben."
„So ein Unsinn!", brauste der Arzt auf. „Schwester Eva ist eine unserer Besten."
„Frau Hanusch ist schon damals der Meinung gewesen, Leute aus Polen taugen

7. Nachtschwester Eva

nur zum Putzen, falls sie es überhaupt mit einer ehrlichen Arbeit versuchen wollen", erklärte ich dem Arzt, der nur verständnislos seinen Kopf schüttelte. „Aber mir wird es heute Nacht sicher nicht gelingen, Frau Hanusch vom Gegenteil zu überzeugen. Sie hat ihre fest einzementierten Vorurteile und gegen die ist kein Kraut gewachsen."

Der Streit auf der Station dauerte noch eine Weile an, bis dem diensthabenden Arzt die Geduld riss und er Frau Hanusch höflich aber bestimmt bat, nach Hause zu gehen.

Die Verstorbene wurde zugedeckt und in ein anderes Zimmer geschoben, gewaschen und umgekleidet. Morgen früh würde sie von einem Bestattungsinstitut abgeholt werden.

Damit wäre dieses Ereignis eigentlich zu Ende erzählt gewesen, wenn nicht einige Wochen später Folgendes passiert wäre: Frau Hanusch war mit ihrem Wagen auf regennasser Fahrbahn ins Schleudern geraten und war gegen einen Baum geprallt. Ein Rettungswagen brachte sie mit schwersten Verletzungen ins Krankenhaus. Dort wurde sie durch Zufall auf die Station verlegt, auf der ich meinen Dienst tat. Und ich versah meinen Dienst an Frau Hanusch mit derselben Sorgfalt und Zuwendung, die ich auch allen anderen Patienten zuteil werden ließ. Die unverhohlene Abneigung von Frau Hanusch gegen mich verringerte sich mit der Zeit und ging schließlich in Respekt und Bewunderung über. Eines Tages griff Frau Hanusch nach meiner Hand: „Schwester Eva, ich muss Ihnen etwas Wichtiges sagen."

„Ja?"

„Ich – ich möchte mich bei Ihnen entschuldigen."

„Wofür, Frau Hanusch?"

„Für mein Verhalten Ihnen gegenüber. Ich habe Sie vollkommen falsch eingeschätzt. Dafür schäme ich mich jetzt. Sie sind eine tüchtige Krankenschwester, wie ich sie noch nie in meinem Leben gesehen habe. Und ich war oft in einem Krankenhaus. Aber wie Sie mit den Patienten umgehen, mit welcher Herzlichkeit Sie sich um die Kranken kümmern – das ist in meinen Augen vorbildlich. Ich sehe ein, dass ich mich total geirrt habe. Keine Schwester von hier ist so wie Sie. Das habe ich ganz deutlich erkannt. Wollen Sie meine Entschuldigung annehmen?"

„Selbstverständlich, Frau Hanusch!", lächelte ich und drückte die Hand der Frau. Sie hatte erkannt, dass Toleranz, Vorurteilslosigkeit und Mitmenschlichkeit zu den ganz, ganz großen Werten zählen.

7. Nachtschwester Eva

Der Vorwurf von Frau Hanusch bestand darin,
- [ ] dass sie den Arzt für unfähig hielt.
- [ ] dass sie der Meinung war, eine Schwester aus dem Ausland müsse zwangsläufig schlechter sein als eine einheimische.
- [ ] dass die Geräte in dieser Klinik nicht mehr dem neuesten Stand der Technik entsprächen.

Frau Hanusch und die Nachtschwester kannten sich …
- [ ] … aus der Schulzeit.
- [ ] … von einem früheren Krankenhausaufenthalt her.
- [ ] … weil sie zusammen in einem Haus gewohnt hatten.

Aus welchem Land stammt Schwester Eva?
- [ ] aus Ungarn
- [ ] aus Polen
- [ ] aus Tschechien

Wie geschah der Unfall von Frau Hanusch?
- [ ] Sie war auf eisiger Fahrbahn gegen einen Baum geprallt.
- [ ] Sie war auf regennasser Fahrbahn gegen einen Baum geprallt.
- [ ] Sie war auf regennasser Fahrbahn gegen ein anderes Auto geprallt.

Mit welchen Verletzungen wurde Frau Hanusch ins Krankenhaus gebracht?
- [ ] mit schweren Kopfverletzungen
- [ ] mit schweren Beinverletzungen
- [ ] mit schwersten Verletzungen

Die Abneigung von Frau Hanusch der Nachtschwester gegenüber verwandelte sich …
- [ ] … in Neid.
- [ ] … in Respekt.
- [ ] … in tiefe Traurigkeit.

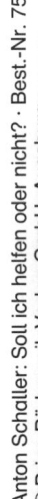

7. Nachtschwester Eva

Fragen allgemein

1. Welche Vorurteile haben viele Menschen Ausländern gegenüber?
2. Was für einen Charakter hat Schwester Eva?
3. Was für einen Charakter hat Frau Hanusch?
4. Warum fürchten sich viele Menschen vor dem Tod im Krankenhaus oder in einem Heim?
5. Was braucht ein Mensch, der im Sterben liegt, am dringendsten?
6. Welche Gefühle empfindet ein Arzt oder eine Schwester am Anfang der Berufsausübung und welche später nach vielen Jahren Praxis?
7. Wie nennt man Spezialkliniken, in die nur Leute kommen, für die es keine Hoffnung mehr gibt?

Rollenspiele

1. Nehmen wir an, jemand spricht abfällig über dich, weil du aus dem Ausland stammst. Wie versuchst du dich zu verteidigen und den anderen davon zu überzeugen, dass du um nichts schlechter bist als ein Einheimischer?
2. Ein ausländischer Mitschüler aus deiner Klasse hat etwas gestohlen. Alle fallen mit Worten über ihn her und sehen ihre Vorurteile bestätigt. Du versuchst dem Betroffenen zu helfen. Wie?
3. Nehmen wir an, du kommst als „Neuer" in eine Schule. Du stammst aus einem fremden Land. Wie verhältst du dich? Wie sprichst du mit deinen Mitschülern, damit sie dich akzeptieren? Welches Verhalten könnte dazu führen, dass du von deinen Mitschülern abgelehnt wirst?

Arbeitsaufgaben

1. Erkundige dich bei ausländischen Mitschülern, unter welchen Vorurteilen sie besonders leiden und wie sie damit zurechtkommen. Fertige ein Protokoll an!
2. Gestalte ein Plakat, auf dem Vorzüge und Nachteile von in- und ausländischen Mitbürgern aufgelistet sind, und hinterfrage dann die Sinnhaftigkeit der einzelnen Punkte. Was stimmt und was sind Vorurteile?

8. Einen Zehner für den Armen

Ich habe die 10 Euro von meiner Tante geschenkt bekommen, aber ich glaube, dass dieser arme Kerl das Geld nötiger braucht als ich.

Soll sich doch das Sozialamt um den Mann kümmern. Ich habe anderes zu tun.

Scheint sich tatsächlich um einen armen Mann zu handeln — nicht um einen Betrüger.

Was man heutzutage für Gesindel auf der Straße trifft!

Der Mann tut mir leid. Was für ein Schicksal!

8. Einen Zehner für den Armen

(Natalie, 13) Ich schlenderte durch die breite Einkaufsstraße unserer Stadt und betrachtete die Auslagen der Geschäfte. Ich hatte noch eine halbe Stunde Zeit, bevor die Schule am Nachmittag wieder begann, und wollte mir eine Kleinigkeit kaufen. Meine Tante hatte mir nämlich 10 Euro geschenkt, weil ich für sie den Rasen gemäht und die Blumen gegossen hatte.

Auf den Stufen, die hinauf zum Metropol-Kino führten, saß ein ärmlich gekleideter Mann, der einen Hut in der Hand hielt und leise vor sich hinmurmelte. Einige Menschen blieben stehen, kramten Münzen aus den Taschen und gaben sie dem Bettler. Doch die meisten würdigten den Mann nicht einmal eines Blickes und hasteten weiter.

Ich sah in das eingefallene, ungesund wirkende Gesicht des Mannes, dessen stumpf blickende Augen in tiefen Höhlen lagen. Wenn er den Mund aufmachte, sah man die gelb verfärbten Zahnstummel, die noch nie einen Zahnarzt gesehen hatten. Einen solchen konnte sich der Mann mit Sicherheit nicht leisten.

Mir tat der Bettler in seiner abgeschabten, zerknitterten Kleidung leid und ich entschloss mich spontan, ihm die 10 Euro, die ich von meiner Tante bekommen hatte, zu schenken. Ich kramte die Banknote aus meinem Rucksack und legte sie dem Mann in seinen Hut. Was er sagte, konnte ich nicht verstehen, aber ich wusste, dass er sich bedanken wollte. Schnell wandte ich mich ab und ging meinen Weg weiter. Ich fühlte mich fröhlich und erleichtert und war stolz auf mich, eine gute Tat begangen zu haben.

Im Unterricht in der Schule, der wegen der Hitze besonders anstrengend war, dachte ich nicht mehr an diesen Vorfall. Doch als ich am späten Nachmittag wieder durch die gleiche Einkaufsstraße schlenderte, sah ich den Bettler wieder. Er stand gerade auf, packte seine Sachen zusammen und setzte sich schwerfällig in Bewegung. „Wohin würde der Mann wohl gehen?", ging es mir durch den Kopf und meine Neugier war geweckt. Der Bettler humpelte um die Ecke herum und verschwand in einer stillen Seitengasse. Schnell folgte ich ihm, aber natürlich so unauffällig, dass er davon nichts merken konnte. Der Mann blickte sich kein einziges Mal um und steuerte zielsicher einen kleinen Platz an, in dessen Mitte ein Springbrunnen stand. Rundherum parkten viele Autos.

Der Bettler humpelte auf einen silbrig glänzenden Audi zu, der mit laufendem Motor dastand. Durch das geöffnete Fahrerfenster kam eine Männerhand heraus. An den Fingern steckten mehrere Ringe.

Der Hut mit dem erbettelten Geld wechselte den Besitzer. Ich war stehengeblieben und schaute fassungslos auf das Geschehen vor mir. Das konnte es doch nicht geben! Der arme Mann gab all sein Geld einem wohlhabenden Mann! Warum? Machte er das freiwillig – oder?

8. Einen Zehner für den Armen

Die wildesten Gedanken wirbelten durch meinen Kopf. In diesem Moment fuhr der dicke Audi mit quietschenden Reifen los. Ich duckte mich unwillkürlich, denn ich wollte auf keinen Fall gesehen werden. Der Fahrer schaute zwar in meine Richtung, doch ich bezweifelte, dass er mich wahrgenommen hatte.

Bald war das Motorengeräusch verklungen. Der Bettler humpelte durch die stillen Seitenstraßen davon. Ich folgte ihm nicht mehr, sondern lief nach Hause.

Als ich dann am Abend meinem Vater von meinem Erlebnis berichtete, schüttelte er nur den Kopf und sagte: „Du bist auf die Bettel-Mafia hereingefallen, Natalie! Der arme Mann ist zwar tatsächlich ein armer Mann, aber wenn du ihm Geld gibst, wird er deswegen nicht reicher. Er muss nämlich alles bei seinem Boss abliefern und erhält nur einen Bruchteil davon – wenn er überhaupt etwas bekommt."

„Und warum lässt sich der Mann so etwas gefallen?", fragte ich meinen Vater.

„Nun, Natalie, da gibt es viele Gründe. Vielleicht ist der Mann bei diesem Boss hoch verschuldet und muss auf diese Weise seine Schulden abarbeiten. Zu Wucherzinsen, versteht sich. Oder er wird einfach unter Druck gesetzt und zum Betteln gezwungen."

„Wieso geht er dann nicht zur Polizei?"

„Das ist nicht so einfach, Natalie! Der Mann ist doch nicht lebensmüde. Er weiß genau, dass er gegen die organisierte Kriminalität nicht den Hauch einer Chance hat. An wen soll er sich wenden? Er kann vermutlich die deutsche Sprache nicht, ist wahrscheinlich ohne Aufenthaltserlaubnis hier und stellt also für seinen Boss keine Gefahr dar. Der Mann im teuren Audi hat sicher einige Bettler, die für ihn arbeiten und bei ihm das Geld abliefern. Er genießt das Leben ohne zu arbeiten und hat keine Gewissensbisse, dass andere für ihn schuften müssen. Wenn ich könnte, würde ich ihm das Handwerk legen, Natalie, das kannst du mir glauben, aber ich wüsste nicht, wie ich das anfangen sollte."

8. Einen Zehner für den Armen

Wie viel Zeit hatte Natalie in der Einkaufsstraße bis zum Schulbeginn?
☐ eine halbe Stunde
☐ eine Stunde
☐ zwei Stunden

Auf welchen Stufen saß der Bettler?
☐ auf den Stufen, die ins Kaufhaus führten
☐ auf den Stufen, die ins Kino führten
☐ auf den Stufen, die zur Eisdiele führten

Natalie kramte die 10-Euro-Banknote …
☐ … aus der Hosentasche.
☐ … aus der Geldtasche.
☐ … aus dem Rucksack.

Wie war das Wetter an diesem Nachmittag?
☐ kühl und windig
☐ sehr heiß
☐ regnerisch

Wo wartete der Boss mit seinem Wagen?
☐ auf einem Parkplatz mit einem Brunnen
☐ auf einem Parkplatz vor einem Kaufhaus
☐ auf einem Parkplatz am Ende der Stadt

Welche Farbe hatte der Audi des mutmaßlichen Mafia-Bosses?
☐ Schwarz
☐ Rot
☐ Silber

Wie sah die Hand des mutmaßlichen Mafia-Bosses aus?
☐ sehr muskulös mit vielen Narben
☐ mit vielen Ringen an den Fingern
☐ mit Ringen an den Fingern und einer goldenen Kette ums Handgelenk

8. Einen Zehner für den Armen

Fragen allgemein

1. Versetze dich in die Lage von Natalie! Wie wird sie sich das nächste Mal verhalten, wenn sie wieder einem armen Menschen begegnet?
2. Was verstehst du unter einem „richtigen" Bettler, der von niemandem dazu gezwungen wird? Welche Schicksale können dazu führen, dass jemand auf der Straße um Geld bettelt?
3. Überlege, wie kann man solchen Menschen helfen?
4. Was kann man gegen die organisierte Bettelei unternehmen, wenn Menschen von reichen Bossen ausgenutzt werden?
5. Was sagst du jemandem, der niemals einen anderen finanziell unterstützt, weil er Angst hat, hereingelegt zu werden?
6. In manchen Städten ist das Betteln in der Öffentlichkeit verboten. Welche Vor- und welche Nachteile ergeben sich dadurch für die Bettler und für die Bevölkerung?

Rollenspiele

1. Du willst einem Bettler Geld geben, möchtest aber wissen, warum er bettelt und was er mit deinem Geld anfangen wird.
2. Spiel ein Gespräch zwischen dem Bettler aus diesem Bericht und seinem Boss.
3. Du bist ein Politiker in der Stadtverwaltung und besprichst mit deinen Kollegen das Problem des Bettelns auf den Straßen. Zu welchem Ergebnis kommt ihr?

Arbeitsaufgaben

1. Versucht einmal, mit Bettlern ins Gespräch zu kommen, um Näheres über sie zu erfahren! Fertigt Berichte an und stellt sie euren Mitschülern vor!
2. Erkundigt euch beim Sozialamt eurer Stadt über das Problem des Bettelns und fragt nach, wie hoch der Anteil des organisierten Bettelns eingeschätzt wird.
3. Fragt Passanten, die einem Bettler Geld gegeben haben, nach deren Motiven!

9. „Schnell, eine Cola!"

Die Alte ist einfach zu blöd, um den Automaten zu bedienen!

Ich würde ihr ja gerne helfen, aber jeden Moment muss der Zug kommen!

Ich frage die alte Frau, ob ich ihr helfen kann. Sicher hat sie bei dieser Hitze großen Durst.

In dem Alter sollte man nicht mehr allein unterwegs sein!

Typisch Frau! Von Technik keine Ahnung!

9. „Schnell, eine Cola!"

(Theresa, 15) Wie jeden Samstag, wenn ich zu meinem Vater in den Hunsrück fuhr, stand ich am Frankfurter Hauptbahnhof und wartete auf meinen Zug. Die Digitalanzeige über meinem Kopf verkündete, dass die Fahrgäste mit einer 5-minütigen Verspätung zu rechnen hatten. Ich stellte die prall gefüllte Sporttasche neben mich auf den Bahnsteig und ließ meine Blicke schweifen.

Da sah ich, wie eine alte, etwas gebeugt stehende Frau mit silbrigen Haaren mit einem der Getränkeautomaten nicht zurechtkam. Immer wieder warf sie Münzen in den Schlitz, drückte auf einen Knopf, doch ohne Erfolg. Mir tat die alte Frau leid, denn sicherlich hatte sie Durst bei dieser großen Hitze. Ich entschloss mich spontan, ihr meine Hilfe anzubieten.

„Kann ich's mal versuchen?", fragte ich und hielt der alten Dame die offene Hand entgegen. „Vielleicht habe ich mehr Glück als Sie!"

Die alte Dame lächelte, nachdem sie mich kurz gemustert hatte, und drückte mir das Geld in die Hand. „Wenn Sie so nett wären … Aber der Zug kommt jeden Moment. Ich glaube nicht, dass wir das noch schaffen."

„Sicher schaffen wir das!", widersprach ich überzeugt. „Noch dazu hat der Zug fünf Minuten Verspätung. Da ziehe ich Ihnen mehr als nur eine Flasche heraus, wenn Sie wollen!"

„Nein, nein, liebes Fräulein", murmelte die alte Dame. „Eine Flasche Cola genügt vollkommen. Schließlich möchte ich nicht die ganze Nacht schlaflos herumlaufen müssen. Ich bin da sehr empfindlich."

Ich warf die Münze ein und drückte auf die entsprechende Taste, doch auch ich hatte nicht mehr Glück als die alte Dame neben mir. Der Automat war entweder kaputt oder leergeräumt. Ich betätigte den Return-Knopf, nahm die Münze in meine Hand und sah kurz auf die Uhr.

Noch zwei Minuten, bis der Zug kam.

„Warten Sie, ich besorge Ihnen noch was zu trinken. Es wäre doch gelacht, wenn Sie verdursten müssten!"

Die Augen der alten Dame leuchteten erfreut auf. „Ich möchte aber nicht, dass Sie meinetwegen den Zug versäumen, junges Fräulein!"

„Keine Angst, ich kann schnell laufen", entgegnete ich lachend, packte meine Sporttasche und setzte mich in Richtung Bahnsteiganfang in Bewegung.

Dort gab es einen Kiosk und auf dem Regal hinter dem schwarzen Verkäufer standen reihenweise die Cola-Flaschen.

„Schnell, eine Cola!", rief ich dem Mann hinter der Theke zu und knallte das Geld auf das Glas der Vitrine. Dann schnappte ich mir die Flasche und hetzte zurück auf die Mitte des Bahnsteigs, wo der Zug bereits mit schrillem Kreischen einfuhr. Der Platz vor dem Getränkeautomaten war leer.

Wo war die alte Dame?

9. „Schnell, eine Cola!"

Gehetzt ging mein Blick in die Runde. Die übrigen Passagiere begannen zu drängen. Ich war ihnen anscheinend im Weg, denn ein älterer Mann stieß mit seinem Koffer gegen meine Sporttasche und begann zu schimpfen: „Steh hier nicht im Weg herum, du dummes Ding, du siehst doch, dass wir einsteigen möchten!"
Ich schluckte die Beleidigung hinunter und erwiderte nichts. Ich wollte unbedingt die alte Dame finden, der ich die Cola versprochen hatte. Ich lief einige Wagons entlang – und da sah ich sie, wie sie gerade mühsam einsteigen wollte. Schnell griff ich ihr unter die Arme, packte ihren kleinen Koffer und schob sie in den Zug hinein. Dann begleitete ich sie zu einem freien Abteil und stemmte das Gepäck auf die Ablage.
„Ich danke Ihnen von ganzem Herzen!", stieß die alte Dame erschöpft hervor, nachdem sie sich ächzend auf ihren Sitz fallen gelassen hatte. „Ich bin fix und fertig! Diese Hitze hält ja kein Mensch aus!"
„Dann wird Ihnen diese Cola bestimmt schmecken!", rief ich und präsentierte der alten Dame das gewünschte Getränk. „Sie – Sie haben es also doch noch geschafft!", freute sich die Frau und ergriff voller Dankbarkeit meine Hand. „Vielen, vielen Dank, junges Fräulein! Dass es heutzutage noch so zuvorkommende junge Menschen gibt, ist eine große Freude für mich. Ich weiß nicht, wie ich mich revanchieren kann!"
„Das brauchen Sie nicht. Ich habe gern geholfen. Lassen Sie sich die Cola schmecken. Es geht Ihnen bestimmt gleich besser!"

Nachtrag: Während der Zugfahrt unterhielt ich mich mit der alten Dame und wir tauschten unsere Adressen aus. Ich staunte nicht schlecht, als einige Wochen später ein kleines Päckchen bei uns zuhause ankam. Es enthielt eine wunderschöne Halskette. Auf einem bunten Kärtchen daneben war mit zittriger Handschrift zu lesen: „Für Theresa, das Mädchen, das mich vor dem Verdursten gerettet hat. In Dankbarkeit Erna Bachmayr."

9. „Schnell, eine Cola!"

In welcher Stadt spielt dieser Bericht?

☐ Hamburg
☐ Berlin
☐ Frankfurt

Wie viele Minuten hatte der Zug Verspätung?

☐ 5 Minuten
☐ 10 Minuten
☐ eine Viertelstunde

Welche Farbe hatten die Haare der alten Dame?

☐ Schwarz
☐ Weiß
☐ Silber

Der Cola-Verkäufer im Kiosk war …

☐ … ein Türke.
☐ … ein Schwarzer.
☐ … ein Weißer.

Wer stieß mit seinem Koffer gegen die Sporttasche von Theresa?

☐ ein junger, sportlicher Mann
☐ ein älterer Mann
☐ eine schimpfende, alte Frau

Wie nennt die alte Dame Theresa immer wieder?

☐ junges Fräulein
☐ junges Mädchen
☐ liebe Frau

Was war in dem Päckchen, das Theresa einige Wochen später erhielt?

☐ ein Kärtchen und eine Halskette
☐ ein Kärtchen und ein schöner Ring
☐ ein Kärtchen und ein Foto der alten Dame

9. „Schnell, eine Cola!"

Fragen allgemein

1. Beschreibe den Charakter von Theresa! Was ist das für ein Mädchen?
2. Welche anderen Situationen gibt es, in denen alte Menschen oft überfordert sind?
3. Welche Eigenschaften und Fähigkeiten, die man als junger Mensch selbstverständlich findet, lassen im Alter nach?
4. Warum zeigen nicht viel mehr Menschen Hilfsbereitschaft, wenn sie sehen, wie jemand mit irgendetwas nicht zurechtkommt?
5. Was hältst du von der Einstellung mancher Menschen, die sagen: „Ich mische mich nicht in fremde Angelegenheiten ein, denn ich habe mit meinen eigenen genug zu tun."
6. Welche Ausreden hört man, warum Menschen anderen Menschen nicht geholfen haben?

Rollenspiele

1. Nehmen wir an, Theresa bietet beim nächsten Mal wieder in einer ähnlichen Situation ihre Hilfe an, doch jetzt trifft sie auf eine alte, verbitterte Frau, die die Hilfe schroff zurückweist.
2. Nehmen wir an, die alte Dame aus diesem Bericht wendet sich selbst an die umstehenden Fahrgäste und bittet sie zu helfen. Wie könnten diese Menschen reagieren?
3. Wie könnte das Gespräch zwischen der alten Dame und Theresa während der Zugfahrt verlaufen sein?

Arbeitsaufgaben

1. Gehe einmal ganz bewusst durch die Straßen deines Ortes und halte Ausschau nach Menschen, die auf irgendeine Art und Weise Hilfe brauchen. Biete, wenn möglich, deine Hilfe an und beobachte die Reaktionen!
2. Sprich mit alten Leuten und versuche zu erfahren, in welchen Situationen sie sich ganz besonders hilflos fühlen!
3. Nimm dir einmal einige Stunden Zeit und biete deine Hilfe Menschen an, die sie brauchen könnten. (Alte und/oder behinderte Menschen, Mütter mit Kindern …)

10. Die falsche Aussage

Raphael also hat den MP3-Player gestohlen! Wusste ich's doch!

Bin gespannt, was Raphael zu seiner Verteidigung sagen wird.

Die eigenen Mitschüler zu bestehlen ist doch das Letzte. Richtig ätzend!

Ich kann nicht glauben, dass Raphael ein Dieb ist. Irgendjemand muss ihm das Ding in die Schultasche gesteckt haben!

Na, wenn das kein Beweis ist, was dann?

10. Die falsche Aussage

(Cetin, 14) Wie immer ging es in der Pause sehr wild zu. Die Schüler unterhielten sich lautstark und hatten einige kleine Streitigkeiten. So mancher wurde hin und her geschubst und versuchte abzuhauen.

Raphael, ein etwas dicklich wirkender Junge mit roten, krausen Haaren, rannte an seinem Platz vorbei und stolperte über seine eigene Schultasche, die unverschlossen am Boden stand. Der Inhalt fiel heraus und lag verstreut am Boden herum.

„Das ist ja der MP3-Player von Simon!", schrie einer der Jungs und deutete aufgeregt auf das Gerät. Für Sekunden herrschte atemlose Stille. Alle Augen richteten sich auf Raphael. Dann stürmte Simon herbei, hob das Gerät vom Boden auf und begutachtete es von allen Seiten. „Kein Zweifel. Das ist mein Player, den ich heute gesucht habe. Und du hast ihn nun in der Tasche. Damit ist die Sache klar. Du bist ein Dieb, Raphael, und das weißt du!"

„Ich – ich weiß nicht, wie das verdammte Ding in meine Tasche gekommen ist!", verteidigte sich der Junge und hob abwehrend seine Hände, als die Mitschüler angriffslustig näherkamen. „So glaubt mir doch. Ich habe keine Ahnung …"

Raphael wurde von kräftigen Fäusten gepackt und ordentlich durchgeschüttelt.

Ich stand in der Nähe der Tür und hatte den Vorfall beobachtet. Ich sah, wie mein Mitschüler mächtig in der Klemme saß. Gleich würde es ziemlich ungemütlich für ihn werden. War Raphael wirklich ein Dieb? Ich konnte es nicht glauben. Ich beschloss spontan, ihm zu helfen, indem ich mich nach vorne boxte und die Angreifer zurückkriss. „Lasst ihn los!", schrie ich. „Raphael ist unschuldig! Ich habe ihm den MP3-Player, den ich draußen gefunden habe, in die Schultasche geschmuggelt. Sollte ein blöder Scherz sein – weiter nichts! Beruhigt euch, Jungs, die Sache ist geklärt!"

Langsam ließen die Mitschüler von ihrem Opfer ab und verkrümelten sich auf ihre Plätze, denn das Läuten der Glocke kündete das Ende der Pause an.

Als ich an Raphael vorbeiging, flüsterte er mir mit hochrotem Kopf zu: „Danke, Cetin, du hast was gut bei mir!"

Gleich darauf erschien der Physiklehrer und die Stunde nahm ihren gewohnten Lauf.

Als die Schule aus war, folgte ich Raphael auf dem Weg nach Hause und stellte ihm die entscheidende Frage: „Hast du das Ding nun geklaut oder nicht? Mir kannst du es ja sagen. Du weißt, dass ich dich nicht verrate."

Raphael zuckte unbehaglich mit den Schultern, schluckte ein paar Mal und murmelte dann: „Okay, Cetin, dir kann ich es ja sagen. Natürlich habe ich mir den MP3-Player unter den Nagel gerissen. Lag da einfach rum und schien niemandem zu gehören …"

„Herrenlose MP3-Player gibt es nicht!", erwiderte ich genervt. „Jedes Gerät gehört irgendwem. Halt mich nicht für dumm, Raphael!"

10. Die falsche Aussage

„Keine Moralpredigt, Cetin!", grinste mich der Junge an und schlug mir freundschaftlich auf die Schulter. „Ich danke dir dafür, dass du mich rausgehauen hast. Ohne dich müsste ich jetzt meine Knochen sortieren, denke ich."
„Ich habe dir geholfen, Raphael, okay, aber das heißt noch lange nicht, dass ich das gut finde, was du gemacht hast. Ich finde es überhaupt nicht cool zu klauen – noch dazu, wenn es um die eigenen Mitschüler geht.
Damit war die Sache für mich erledigt und ich lenkte meine Schritte zur Bushaltestelle, wo ich auf die Linie „L" wartete, die mich nach Hause bringen sollte.
Wenige Tage später aber gab es wieder eine Aufregung in der Schule, als Raphael beschuldigt wurde, das Fahrrad eines Mitschülers geklaut zu haben. „Du bist der Einzige, der infrage kommt!", schrie Tim, ein schlaksiger Junge im flatternden T-Shirt, „denn du bist eine halbe Stunde früher von der Sportstunde weggegangen, weil du angeblich einen Arzttermin gehabt hast. Vorher war mein Fahrrad da – nachher nicht mehr."
„Aber ich war tatsächlich beim Zahnarzt", verteidigte sich Raphael, „außerdem wird Cetin, den ich in der Stadt getroffen habe, bestätigen, dass ich zu Fuß unterwegs war." (Unsere Klasse war im Sportunterricht in zwei Gruppen aufgeteilt und diese hatten abwechselnd jede Woche Nachmittagsunterricht)
„Na, Cetin, stimmt's, was ich gesagt habe?", fragte Raphael triumphierend und stemmte die Fäuste in die Hüften.
Doch dieses Mal ließ ich meinen Mitschüler im Stich. Ich schüttelte den Kopf und sagte: „Nein, Raphael, ich habe dich nicht getroffen. Ich denke, dass du wieder einmal lügst!"
Alle starrten mich erstaunt an.
Ich wischte mir über das Gesicht und wandte mich ab.

10. Die falsche Aussage

Wie wird Raphael beschrieben?

☐ als ein kräftig gebauter Junge mit langen, roten Haaren
☐ als ein dicklich wirkender Junge mit roten, krausen Haaren
☐ als ein zart gebauter Junge mit kurzen, blonden Haaren

Wem gehörte der MP3-Player?

☐ Cetin
☐ Klaus
☐ Simon

Nach dieser turbulenten Pause begann …

☐ … die Geschichtestunde.
☐ … die Physikstunde.
☐ … die Biologiestunde.

Raphael ist früher von der Sportstunde weggegangen und zwar …

☐ … eine halbe Stunde.
☐ … eine Stunde.
☐ … zehn Minuten.

Mit welcher Buslinie fuhr Cetin nach Hause?

☐ mit „R"
☐ mit „28"
☐ mit „L"

Wie wird Tim beschrieben?

☐ als klein und dick
☐ als schlaksig
☐ als groß und kräftig

10. Die falsche Aussage

Fragen allgemein

1. Was für ein Junge ist Raphael? Beschreibe seinen Charakter!
2. Ist eine falsche Aussage immer eine Hilfe für den Verdächtigen?
3. Soll man im Sinn von Freundschaft oder Kollegialität eine falsche Aussage machen?
4. Was passiert mit Erwachsenen, wenn sie vor Gericht falsch aussagen?
5. Ein altes Sprichwort sagt: „Lügen haben kurze Beine." Finde Beispiele dafür!
6. Woran kannst du manchmal erkennen, dass jemand lügt? Wie verhält sich der Betreffende?

Rollenspiele

1. Du bist Raphael und verteidigst dich gegen die Beschuldigungen deiner Mitschüler. Was sagst du?
2. Welches Gespräch könnte Cetin mit seinem Mitschüler führen?
3. Du hast etwas angestellt und ein Freund bietet dir an, ganz in deinem Sinn auszusagen. Nimmst du das Angebot an? Was sagst du, wenn du ablehnst?
4. Jemand schadet dir durch seine Falschaussage sehr. Du erfährst, dass er dich absichtlich in Schwierigkeiten bringen wollte. Wie wird das Gespräch verlaufen?

Arbeitsaufgaben

1. Gestalte ein Plakat, auf dem verschiedene Falschaussagen zusammen mit ihren Konsequenzen zu lesen sind!
2. Befrage Mitschüler, ob sie sich an Situationen erinnern können, in denen sie durch ihre Aussage einem anderen Menschen genutzt bzw. geschadet haben, und halte diese Ergebnisse in einem Protokoll fest!
3. Durchsuche die entsprechenden Seiten einer Tageszeitung (Polizei- und Gerichtsberichte usw.) nach Ereignissen, in denen es darauf ankommt, dass alle Beteiligten die Wahrheit sagen. Baue fiktive Falschaussagen ein und überlege, wie die Berichterstattung dann aussehen würde!

11. Fast zu spät

> Hoffentlich verständigt der Mann sofort die Rettungszentrale. Dann habe ich vielleicht noch eine Chance!

> Was mache ich, wenn der Kerl einfach abhaut? Himmel, wie ist das überhaupt passiert?

> Ich verstehe nicht, wie das passieren konnte. Ausgerechnet mir!

> Natürlich sollte ich die Rettungszentrale informieren.

> Aber einen Skandal kann ich mir nicht leisten. Ich habe einen Ruf zu verlieren. Ich muss an meine Familie denken. Es hat mich ja keiner gesehen.

11. Fast zu spät

(Matthias, 39) Durch die Scheinwerfer hell angestrahlt liegt die Straße vor mir. Ringsherum schwarze Nacht, klirrende Kälte. Mein Wagen frisst sich durch die Dunkelheit. Ich halte das Lenkrad locker in den Händen und pfeife vor mich hin. Ich freue mich auf zu Hause. Das Gebläse rauscht monoton und hält die Scheiben frei von Eis. Die Fahrt ist eintönig. Nur noch 15 Kilometer! Die sind doch leicht zu schaffen. Die Straße macht eine Kurve, biegt ziemlich scharf nach links.

Plötzlich gehorchen die Räder nicht mehr, rutschen weg. Ich bin mit einem Schlag hellwach und reiße das Lenkrad herum. Gleißendes Licht von vorn, ich stemme meinen rechten Fuß aufs Bremspedal, stechendes Licht bohrt sich in mein Gesicht – und dann erfolgt der Aufprall: hart, brutal, unwiderruflich. Blech kreischt auf, Glas splittert.

Der Airbag öffnet sich mit einem lauten Knall. Ich tauche mit dem Gesicht ein, federe zurück, werde von den Gurten fast entzweigeschnitten.

Nach Sekunden ist alles vorbei. Lähmende Stille. Ich spüre, wie es in meinen Schläfen hämmert.

Ich taste mit zitternden Händen nach dem Griff, stemme die Tür auf und quäle mich aus dem Fahrzeug.

Die Kälte der Nacht dringt bis ins Mark. Doch das ist mir jetzt egal. Ich wanke zum anderen Fahrzeug, einem dunkelblauen Kleinwagen, und sehe den eingeklemmten Fahrer, der verzweifelte Handbewegungen macht. Blut rinnt ihm von der Wunde am haarlosen Kopf ins Gesicht. Ich stütze mich am Türrahmen ab und starre mit tränenverschleierten Augen auf den Unbekannten.

„Ich muss die Rettung verständigen – und die Polizei!", wirbeln die Gedanken durch meinen Kopf und schon taste ich nach meinem Handy in der Manteltasche.

„So helfen Sie mir doch", höre ich die klagende Stimme des Verletzten, der sich vergeblich bemüht, aus seinem Auto zu gelangen.

Ich lasse die Hand mit dem Handy wieder sinken. Angst überfällt mich plötzlich – riesengroße, lähmende, würgende Angst. Wie in einem Zeitrafferfilm sehe ich Bilder vor mir: Gerichtsverhandlung – Schuldspruch – Gefängnis – meine verzweifelte Frau – meine Kinder …

Verdammt! Ich kann nicht mehr! Ich wische mir den Angstschweiß aus dem Gesicht und ringe nach Luft. Ich drehe mich um und stolpere zu meinem Auto zurück.

„Nur weg von hier!", ist mein einziger Gedanke. Ich lasse mich auf meinen Sitz fallen, starte das Fahrzeug, Rückwärtsgang, erster Gang, ab. Mit quietschenden Reifen schießt mein Auto in die Nacht hinein. Ich fahre und fahre und zittere dabei wie Espenlaub. Ich verliere jedes Zeitgefühl. Ich beginne zu heulen. Krampfartig zieht sich mein Körper zusammen. Ich bremse ab, lenke den Wagen an den Straßenrand und stütze meine Arme aufs Lenkrad. Das schlechte Gewissen durchzuckt meinen ganzen Körper. Ich heule wie ein Schlosshund.

11. Fast zu spät

Dann lichten sich die Nebel etwas und ich sehe klar: Ich habe den verletzten Mann im Stich gelassen. In der Panik bin ich vor meiner Verantwortung geflohen.
Ich muss zurück!
Nur dieser eine Satz beherrscht mein Denken.
Ich starte mein Auto erneut, wende und fahre den Weg zurück, den ich gekommen bin. Meine Finger halten das Lenkrad so fest umklammert, dass die Knöchel weiß und spitz hervorstechen. Ich kneife die Augen zusammen und starre auf die von den Scheinwerfern beleuchteten Straßenabschnitte.
„Hoffentlich komme ich nicht zu spät", hämmert es in meinem Gehirn und ich drücke das Gaspedal noch tiefer nach unten. Jetzt löse ich eine Hand vom Lenkrad und hole das Handy aus der Tasche. Ich gebe die Notrufnummer ein und schildere kurz, was vorgefallen ist. Natürlich erwähne ich mit keinem Wort, dass ich Fahrerflucht begangen habe, sondern tue so, als ob ich direkt am Unfallort stehen würde. Nach einer Ewigkeit, wie mir scheint, erreiche ich den Ort des Geschehens und steige auf die Bremse.
Atemlos verlasse ich mein Fahrzeug und stürze zum ziemlich zerquetschten Fahrzeug meines Unfallgegners.
Der Mann hinter dem Lenkrad bewegt sich schwach.
Ich atme tief durch. Ein Stein fällt mir vom Herzen, doch noch habe ich keine Sicherheit. Ich bemühe mich, die gestauchte Tür aufzubekommen, was mir nach etlichen Versuchen auch gelingt. Ich hebe den Mann vorsichtig von seinem Sitz und lege ihn auf eine Decke.
Wenig später ertönt die Sirene durch die Nacht. Die Rettung kommt und etwas später auch die Polizei.

Nachtrag: Der verletzte Mann überlebte den Unfall und war nach einigen Wochen wieder fit. Ich konnte mein Glück nicht beschreiben und akzeptierte ohne Einspruch das Strafmaß, das mir der Richter wegen zu schnellen Fahrens trotz widriger Straßenverhältnisse aufgebrummt hatte. Ich musste zwar viele tausend Euro Strafe zahlen, aber wie sehr hätte ich gelitten, wenn dieser Mann wegen meiner unterlassenen Hilfeleistung gestorben wäre!

11. Fast zu spät

In welcher Jahreszeit war Matthias mit seinem Auto unterwegs?
☐ im Frühling
☐ im Herbst
☐ im Winter

Wie viele Kilometer musste Matthias noch bis zu seinem Zuhause fahren?
☐ 10 km
☐ 15 km
☐ 20 km

Die Straße machte eine Kurve und bog ziemlich scharf nach …
☐ links
☐ rechts

Der verletzte Mann hatte eine Wunde …
☐ … am Kopf.
☐ … im Gesicht.
☐ … am Hals.

Der Verletzte …
☐ … trug lange, schwarze Haare.
☐ … trug kurze, blonde Haare.
☐ … hatte überhaupt keine Haare.

Das Auto des Verletzten war …
☐ dunkelblau
☐ rot
☐ schwarz

Als Matthias in seiner Panik davonfährt, zittert er …
☐ … wie ein Schlosshund.
☐ … wie Espenlaub.
☐ … wie ein Wackelpudding.

11. Fast zu spät

Fragen allgemein

1. Welche Gefühle jagen in einer solchen Situation durch den Körper jedes Menschen?
2. Was für ein Mann ist Matthias? Beschreibe seinen Charakter!
3. Was hätte Matthias empfunden, wenn er zu spät zum Unfallort gekommen wäre?
4. Welche weiteren Beispiele gibt es, wo Menschen ihre Hilfe verweigern?
5. Wie findet die Polizei meistens die Täter, die Fahrerflucht begangen haben, und wie stuft das Gesetz solche Menschen ein?
6. Welche Begründungen geben manche Menschen an, wenn sie sich ihrer Verantwortung entziehen?
7. Zu welchen anderen Ereignissen könnte die Überschrift „Fast zu spät" noch passen?

Rollenspiele

1. Der Verletzte ist wieder ganz gesund und erfährt von Matthias die ganze Geschichte. Wie wird er reagieren und wie verteidigt sich Matthias?
2. Gespräch zwischen einem Mann, seiner Frau und seinen Kindern, die erfahren haben, dass ihr Ehemann (Vater) Fahrerflucht begangen hat – und zwar mit tödlichem Ausgang.

Arbeitsaufgaben

1. Sammle Zeitungsberichte über Verkehrsunfälle und versuche zu analysieren, aus welchen Gründen es zu den Unfällen gekommen ist und wie sich die beteiligten Personen verhalten haben.
2. Schreibe einen Bericht zum Unfall von Matthias aus der Sicht eines Rettungssanitäters (eines Polizisten), der zum Unfallort gerufen worden ist.
3. Schreibe auf ein Plakat möglichst unterschiedliche Gelegenheiten auf, bei denen es zu Unfällen kommen kann, und versuche Gegenmaßnahmen (Sicherheitstipps) zu finden!

12. „Wenn ich das gewusst hätte!"

So eine Rotznase!
Will mir mein bisschen Geld klauen!

Was muss sich dieses Mädchen in meine
Angelegenheiten einmischen!

Die alte Frau tut mir leid.
Sie sieht schlecht und wäre sicher
froh, wenn ihr jemand helfen würde.

Das hat man nun davon, wenn man
jemandem helfen will.

Wie komme ich dazu, mich von der
Alten anschnauzen zu lassen?

12. „Wenn ich das gewusst hätte!"

(Nele, 13) Gestern war ich im Supermarkt in unserem Viertel einkaufen. Vor der Kasse hatte sich eine lange Schlange gebildet. Einige Kinder verloren schon die Geduld und fingen zu schreien an. Die Mütter und Väter versuchten sie zu beruhigen, indem sie ihnen Süßigkeiten zusteckten, die vor der Kasse aufgebaut waren. Das half. Unwillkürlich musste ich lächeln. Die Geschäftsleute wussten, wo sie die Süßigkeiten hinstellen mussten, damit möglichst viele von ihnen gekauft wurden. Endlich löste sich die Schlange etwas auf und ich näherte mich immer mehr der Kasse.

Vor mir stand nur noch eine alte Frau in einem geblümten, altmodisch wirkenden Rock. Die grauen, strähnigen Haare hingen ihr schlampig ins faltige Gesicht. Die Frau konnte wohl nur schlecht sehen, denn immer wieder kniff sie die Augen zusammen und rückte an ihrer dicken Brille.

Mit fahrigen Handbewegungen leerte sie ihre abgeschabte Ledertasche aus und legte die Lebensmittel auf das Förderband.

Schnell scannte die Frau an der Kasse die Ware ein. „18,75 €, bitte."

Die alte Frau kramte umständlich ihren Geldbeutel hervor und fingerte dann, aufgeregt vor sich hin murmelnd, einige Münzen hervor, die sie der Kassiererin in die Hand drückte.

„Das sind jetzt erst 2,50 €!", sagte die Angestellte und verdrehte ungeduldig die Augen. „Könnten Sie nicht ein wenig schneller machen? Hinter Ihnen warten die Leute!"

„Gleich", murmelte die alte Frau, die immer nervöser wurde, weil sie das Geld nicht zusammenbekam. „Ich muss noch irgendwo einen Zehner haben."

„Dann finden Sie ihn endlich – aber hopp-hopp!", erboste sich die unfreundliche Kassiererin und seufzte laut auf. Dann wandte sie sich an die hinter mir stehenden Leute. „Ich kann nichts dafür, dass hier nichts weitergeht. Sie sehen ja selbst …"

„Solche alten Schachteln sollten nicht mehr auf die Straße gehen!", hörte ich einige Reihen hinter mir eine spöttische Stimme. „Die sollte man ins Altersheim stecken, wo sie hingehören!"

Ich drehte mich nach dem Sprecher um. „So gefühllos sollte man nicht über andere Menschen reden", schwirrten die Gedanken durch meinen Kopf.

Die alte Frau vor mir war der Verzweiflung nahe. Ich fasste mir ein Herz und beugte mich vor. „Kommen Sie, ich helfe Ihnen!", sagte ich freundlich. „Darf ich Ihnen das Geld heraussuchen?"

Ich wartete die Antwort erst gar nicht ab, sondern suchte in dem geöffneten Geldbeutel nach den passenden Münzen. Ich fand auch den 10-Euro-Schein, der sich in einem Nebenfach versteckt hatte. Gerade als ich den erforderlichen Betrag beisammen hatte, begann die alte Frau zu schimpfen und gab mir einen Schubs, dass ich ein wenig zurücktaumelte.

12. „Wenn ich das gewusst hätte!"

„So eine Rotznase! Will mir mein bisschen Geld klauen!", krächzte die Kundin und schwang drohend ihre Faust.

„Ganz – ganz bestimmt nicht!", versuchte ich mich zu verteidigen und spürte, wie der Zorn in mir hochstieg. „Ich wollte Ihnen nur behilflich sein, weil ich gesehen habe, wie schwer Sie sich tun!"

„Ich komme schon allein zurecht und brauche keine Hilfe. Schon gar nicht von so einem dahergelaufenen Mädchen wie dir!"

„Würden Sie sich endlich beruhigen!", schrie nun die Kassiererin, die alles beobachtet hatte. „Das Mädchen wollte Ihnen doch wirklich bloß helfen!"

„Sie stecken mit dieser Rotznase wohl unter einer Decke!", keifte die alte Frau und hielt ihren Geldbeutel eisern umklammert, als hätte sie Angst, jemand würde ihn rauben.

„Wenn Sie nicht endlich weitermachen, hole ich den Geschäftsführer", rief die Frau an der Kasse. „Ich möchte die 18,75 € und dann bitte ich Sie, das Geschäft zu verlassen. Auf Kunden Ihres Schlages legen wir keinen Wert!"

„Das – das ist ja unerhört!", begehrte die alte Frau auf und zitterte vor Aufregung. „Ich werde mich über Sie beschweren und ..."

„Tun Sie das ruhig. Ich sehe dieser Beschwerde mit Gelassenheit entgegen. Aber jetzt räumen Sie bitte das Feld, denn die anderen Leute wollen endlich zahlen!"

Wütend blickte ich auf die alte Frau, ballte die Hände zu Fäusten und dachte: „Das hat man nun davon, wenn man jemandem helfen will. Wie komme ich dazu, mich von der Alten anschnauzen zu lassen? Die meint doch glatt, ich wollte sie bestehlen! Wahrscheinlich ist sie nicht mehr ganz dicht im Kopf. Jedenfalls mische ich mich nie wieder in fremde Angelegenheiten ein! Das ist amtlich!"

12. „Wenn ich das gewusst hätte!"

Wie wurden die schreienden Kinder vor der Kasse von ihren Eltern beruhigt?
- [ ] mit tröstenden Worten
- [ ] mit schimpfenden Worten
- [ ] mit Süßigkeiten

Womit war die alte Frau bekleidet?
- [ ] mit einem grauen, alten Mantel
- [ ] mit einem langen geblümten Rock
- [ ] mit einem langen, grauen Rock

Wie hoch war der Betrag, den die alte Frau zahlen sollte?
- [ ] 28,75 €
- [ ] 18,75 €
- [ ] 75,18 €

Was sagte die Kassiererin?
- [ ] „Ganz ruhig. Lassen Sie sich Zeit."
- [ ] „Kann ich Ihnen helfen?"
- [ ] „Können Sie nicht ein wenig schneller machen?"

Was sagte die spöttische Stimme von hinten?
- [ ] „Die sollte man ins Altersheim stecken."
- [ ] „Wir werden alle mal alt."
- [ ] „Ist doch nicht so schlimm, mal etwas geduldig zu sein."

Wo hatte sich der 10-Euro-Schein versteckt?
- [ ] in einem Nebenfach des Geldbeutels
- [ ] im langen Rock der alten Frau
- [ ] in der Ledertasche bei den Lebensmitteln

Was dachte sich Nele, als sie aus dem Geschäft ging?
- [ ] „Die alte Frau tut mir leid. Sie ist wohl sehr misstrauisch fremden Menschen gegenüber."
- [ ] „Das hat man nun davon, wenn man jemandem helfen will."
- [ ] „Ich werde mit der alten Frau draußen ein paar Wörtchen reden."

12. „Wenn ich das gewusst hätte!"

Fragen allgemein

1. Was für einen Charakter hat die alte Frau?
2. Was für einen Charakter hat Nele?
3. Warum sind alte Leute manchmal unwirsch und misstrauisch?
4. Soll Nele wirklich beim nächsten Mal ihre Hilfe verweigern?
5. Was für einen Charakter hat der schimpfende Mann?
6. Es gibt ein Sprichwort: „Undank ist der Welten Lohn." Welche Beispiele fallen dir zu diesem Sprichwort ein?
7. Wie würdest du reagieren, wenn du für deine Hilfe beschimpft wirst?

Rollenspiele

1. Nele spricht mit der alten Frau draußen vor dem Geschäft und teilt ihr mit, dass sie sich geärgert hat und verletzt ist. Wie kann dieses Gespräch verlaufen?
2. Du sprichst mit dem schimpfenden Mann und weist ihn darauf hin, dass seine Wortwahl alles andere als fein ist. Wie wird er reagieren?
3. Nehmen wir an, die alte Frau aus der Geschichte wäre eine sehr nette, freundliche Dame. Wie wäre die Szene an der Kasse dann abgelaufen?

Arbeitsaufgaben

1. Gestalte ein Plakat und schreibe und/oder zeichne Gründe auf, warum Menschen verbittert und unfreundlich werden können!
2. Biete alten Menschen in verschiedenen Situationen deine Hilfe an und halte fest, wie sie darauf reagieren!
3. Beschreibe auf einem Blatt Situationen, in denen alte Menschen sehr oft hinters Licht geführt werden. (Beispiel: Auf Werbe- und Verkaufsfahrten wird ihnen unnützes Zeug zu überhöhten Preisen angedreht ...)

13. „Ich kann nicht mehr!"

Den Nachbarsjungen kann ich gut gebrauchen. Der weiß ohnehin nicht, wie er den Nachmittag herumkriegt. Da soll er mir beim Bauen helfen.

Ein bisschen etwas werde ich ihm wohl zahlen müssen. Mit drei Euro Stundenlohn ist er gut bedient.

Ich kann jetzt nicht mehr so viele schwere Sachen tragen!

Was der Nachbar mir alles zumutet. Ich bin ja noch ein Kind!

Drei Euro sind eigentlich verdammt wenig, wenn man dafür so schuften muss.
Ich denke, der Mann hat einen Blöden gefunden!

13. „Ich kann nicht mehr!"

(Christopher, 10) Am letzten Mittwoch hatte ich schon um 12 Uhr schulfrei und radelte schnell nach Hause. Die Sonne brannte vom wolkenlosen Himmel herunter und ich freute mich schon auf das Planschen in unserem Swimmingpool. Meine Eltern waren nicht da, aber ich fand das fertige Essen, das Papa mir vorbereitet hatte, im Kühlschrank vor. Schnell schob ich es in die Mikrowelle und wenig später verschlang ich die Lasagne mit wahrem Heißhunger. Dann setzte ich mich noch kurze Zeit vor meinen PC und schaute die E-Mails durch, die heute eingetrudelt waren, bevor ich die Badehose anzog und in den Garten lief. Das Wasser des Pools glitzerte und ich sprang begeistert hinein und tollte ausgelassen darin herum. Plötzlich hörte ich eine Stimme, die nach mir rief. Ich verließ das Becken und schaute zum Zaun hinüber, der unser Grundstück vom Nachbarn abgrenzte. Herr Walch, der neben uns baute, winkte mir mit der Hand und ich lief zu ihm hin.

„Hey, Christopher, entschuldige, dass ich dich störe, aber ich hätte eine große Bitte …" Dabei wischte sich der dicke Mann mit den großen Tränensäcken seine schmutzigen Hände an seinem Blaumann ab.

„Worum geht es?", fragte ich gut gelaunt und strich die Wassertropfen, die aus den nassen Haaren rannen, aus dem Gesicht.

„Ich bin heute ganz allein auf dem Bau und bräuchte dringend jemanden, der mir ein wenig hilft. Die Männer, die ich für heute bestellt habe, haben mich versetzt. Sie sind auch telefonisch nicht zu erreichen. Ich bräuchte also einen tüchtigen, jungen Mann, der mir ein wenig zur Hand geht. Du bekommst natürlich auch was dafür, Christopher, das versteht sich von selbst. Ich zahle dir drei Euro die Stunde, wenn du einverstanden bist! Wäre das was für dich, mein Junge?"

Ohne lange zu überlegen, nickte ich. Schließlich bin ich ein hilfsbereiter Mensch und wenn es darüber hinaus auch noch ein Taschengeld gibt …

„Okay, ich gehe mich noch schnell umziehen und komme dann zu Ihnen hinüber!"

„Prima!", freute sich Herr Walch und schlug die Handflächen gegeneinander. „Ich wusste doch, dass du mich nicht im Stich lassen würdest. Gemeinsam packen wir die Arbeit viel leichter. Du wirst sehen …"

Wenig später merkte ich, dass die Arbeit eigentlich zu schwer für mich war. Die schweren Bretter, die ich vom Garten in den ersten Stock hinauftragen musste, hatten es in sich.

Ich keuchte wegen der schweren Last und der Schweiß lief mir in Strömen über den ganzen Körper. Die Hitze trug auch ihren Teil dazu bei, dass mir manchmal ganz schwindelig wurde, wenn ich neue Bretter aufgeladen bekam.

Mit zittrigen Knien wollte ich eine kleine Pause einlegen, doch Herr Walch trieb mich mit aufmunternden Worten weiter an.

„Du willst doch nicht etwa schon jetzt schlapp machen, Christopher, oder? Wir haben noch eine Menge Arbeit vor uns. Als ich so alt war wie du, habe ich noch

13. „Ich kann nicht mehr!"

ganze Bäume ausgerissen. Also reiß dich ein wenig zusammen und leg richtig los!"
Nach Luft ringend nahm ich die nächsten Bretter in Empfang und kämpfte gegen meine Schwäche an. Ich wollte schließlich nicht wie ein kleines Kind wirken, das nichts aushalten konnte. Also schuftete ich weiter und weiter …

Als ich dann völlig ausgelaugt mit dem letzten Bretterstapel die ungesicherte Treppe hinaufstieg, brach von oben plötzlich ein Stück Holz ab und krachte gegen meine Stirn.

Mit einem Aufschrei ließ ich meine schwere Last fallen, taumelte mit schmerzverzerrtem Gesicht zurück und krampfte meine Hände um die Wunde, die sofort zu bluten begann. Herr Walch stürzte betroffen herbei, bog meine Hände zurück und wollte sehen, was passiert war.

„Das wird schon wieder, mein Junge. Ich klebe dir ein Pflaster drauf und in ein paar Tagen ist alles wieder gut!"

„Ich möchte nach Hause!", stammelte ich völlig entkräftet und kämpfte gegen die Tränen an, die hochzusteigen begannen. „Diese schwere Schlepperei ist nichts für mich. Ich bin doch schließlich noch ein Kind!"

Jetzt konnte ich meine Tränen nicht mehr zurückhalten, verließ laut weinend das Grundstück des Nachbarn und lief auf unsicheren Beinen nach Hause. Ich knallte die Tür zu, atmete einmal durch und rannte ins Badezimmer, wo ich nach meiner Wunde sah. Sie tat zwar höllisch weh, doch schien es sich nur um eine leichte Verletzung zu handeln. Ich wusch das Blut weg und klebte ein Pflaster drauf, das ich aus der Hausapotheke geholt hatte.

Nachtrag: *Herr Walch erkundigte sich zwar nach meinem Zustand und gab mir auch das versprochene Geld für die Zeit, die ich für ihn geschuftet hatte. Allerdings hatte ich irgendwie den Eindruck, dass er mich auslachen wollte. War ich ihm zu verweichlicht vorgekommen oder lachte er darüber, dass ich für so wenig Geld meine Gesundheit aufs Spiel gesetzt hatte?*

13. „Ich kann nicht mehr!"

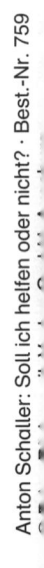

An welchem Wochentag fand dieser Unfall statt?
- [ ] an einem Montag
- [ ] an einem Dienstag
- [ ] an einem Mittwoch

Wann war die Schule an diesem Tag für Christopher zu Ende?
- [ ] um 10 Uhr
- [ ] um 11 Uhr
- [ ] um 12 Uhr

Was hatte der Vater für Christopher vorbereitet?
- [ ] Lasagne
- [ ] Pizza
- [ ] Schnitzel

Bevor Christopher in den Pool ging, ...
- [ ] ... surfte er noch ein wenig im Internet.
- [ ] ... telefonierte er mit seinem Handy.
- [ ] ... las er seine neuen E-Mails.

Wie wird Herr Walch, der Nachbar, beschrieben?
- [ ] groß und schlank
- [ ] dick mit Tränensäcken
- [ ] klein und unscheinbar

Wie viel Geld zahlte der Nachbar pro Stunde?
- [ ] 2 Euro
- [ ] 3 Euro
- [ ] 5 Euro

Welche Arbeit musste Christopher machen?
- [ ] Ziegel schleppen
- [ ] Rohre schleppen
- [ ] Bretter schleppen

13. „Ich kann nicht mehr!"

Fragen allgemein

1. Was für einen Charakter hat Herr Walch?
2. Was für ein Junge ist Christopher?
3. Wie nennt man das, was Herr Walch gemacht hat?
4. Welche Beispiele fallen dir ein, in denen Menschen andere Menschen wegen ihrer Hilfsbereitschaft eiskalt ausnutzen?
5. Wie kann man erkennen, ob jemand echte Hilfe braucht oder nur einen Dummen sucht, der ihm „die Kastanien aus dem Feuer holt"?
6. Was ist zur Kinderarbeit im Allgemeinen zu sagen? Hat Herr Walch so gehandelt, wie es das Gesetz vorsieht?
7. Finde heraus, in welchen Ländern Kinder auch heute noch zu schwerer Arbeit gezwungen werden?
8. Welche Auswirkungen kann schwere Kinderarbeit auf die Gesundheit haben?

Rollenspiele

1. Wie wäre das Gespräch verlaufen, wenn Christopher nicht so gutmütig gewesen wäre?
2. Christopher erzählt seinen Eltern von dem Vorfall und diese beschließen, mit Herrn Walch ein ernstes Wörtchen zu reden.
3. Wie wird Herr Walch bei seinen Freunden über Christopher sprechen?

Arbeitsaufgaben

1. Gestalte ein Plakat, auf dem zu lesen ist, auf welche Weise Menschen in Bezug auf ihre Arbeit ausgenutzt werden!
2. Sammelt Beispiele, welche Produkte bei uns deswegen so billig angeboten werden können, weil die Löhne in den Herstellungsländern entsprechend niedrig sind.
3. Erstellt eine Tabelle, in der die durchschnittlichen Einkommen der verschiedensten Berufe aufgelistet sind (im Internet zu finden) und schreibt auf, in welchen Berufen am wenigsten gezahlt wird!

14. „Hilfe, ich ertrinke!"

Da ist doch eindeutig jemand in Not! Ich muss verhindern, dass er die Kräfte verliert und untergeht. Also muss ich schnell sein!

Hilfe, ich ertrinke!

Bin gespannt, ob mich jemand retten will und voll darauf hereinfällt!

14. „Hilfe, ich ertrinke!"

(Stefan, 15) Am letzten Samstag war es sehr heiß. Ich fuhr mit meinem bunt verzierten Fahrrad mit der Easy-Rider-Lenkstange zum großen Baggersee hinaus, lehnte das Rad gegen einen Baumstamm und suchte mir ein freies Plätzchen auf der riesigen Liegewiese. Obwohl es erst Vormittag war, sah man schon viele Menschen, die sich von der Sonne bräunen ließen oder sich im grün schimmernden Wasser tummelten. Mit wenigen Handgriffen holte ich meine silbrig glänzende Luftmatratze hervor und pumpte sie auf.

Ich zog mich schnell um und tauchte wenig später hinein ins anfangs noch kühle Wasser. Mit einigen kräftigen Schwimmbewegungen gelangte ich zügig fast bis zur Mitte des angenehm kühlen Sees und drehte mich auf den Rücken. Die Sonne stand direkt über mir und brannte auf mein Gesicht herunter. Mit ein paar langsamen Handbewegungen hielt ich mich über Wasser und genoss das sanfte Schaukeln.

Plötzlich hörte ich, wie jemand laut um Hilfe schrie.

Ich wirbelte herum, um zu sehen, woher die Hilferufe kamen. Und da sah ich in etwa 100 Metern Entfernung, wie jemand mit den Händen wild herumfuchtelte und gellende Schreie ausstieß.

Sofort war mir klar, dass hier jemand in Not war und dass ich ihm helfen musste. Ich war ein guter Schwimmer und traute mir zu, jemanden vor dem Ertrinken zu retten.

Schnell kraulte ich zu der Stelle, wo anscheinend jemand um sein Leben kämpfte. Ich erreichte den wild um sich schlagenden Körper und erkannte, dass es sich um einen etwa 10-jährigen Jungen handelte, den jeden Augenblick die Kräfte verlassen konnten.

Ich packte den Hilflosen mit dem in der Schwimmschule gelernten Achselschleppgriff an seinem Oberkörper und machte mich auf den Weg zum Ufer.

Dort angekommen zerrte ich ihn auf den Sandstrand und stand eine Weile in gebückter Haltung, weil ich nach Luft ringen musste. Die ganze Sache hatte mich doch mehr angestrengt, als ich gedacht hätte.

Umso verwunderter war ich dann aber, als der vermeintlich gerettete Junge plötzlich auf die Füße sprang und laut schallend zu lachen begann.

Gleich darauf war ich von einigen anderen Jungs im gleichen Alter umringt, die ihren Freund lautstark begrüßten und ihm anerkennend auf die Schulter klopften. „Gut gemacht, Denis!", riefen sie grinsend und mir dämmerte, dass ich ganz übel hereingelegt worden war.

„Du hast also nur eine Show abgezogen – eine verdammt blöde Show!", rief ich aufgebracht und packte den Jungen an seiner Schulter.

„Ihr findet es wohl alle super lustig, die Hilfsbereitschaft eines anderen auszunutzen, he?"

14. „Hilfe, ich ertrinke!"

„Lass unseren Freund los!", schrien die anderen Jungs, ergriffen mich von hinten und versuchten mich wegzuzerren.

„Das war doch nur ein Riesenspaß, den du verstehen musst!"

„Nein, muss ich nicht!", entgegnete ich wütend und schüttelte über so viel Dummheit meinen Kopf.

„Jemanden so zum Narren zu halten ist kein Spaß. Aber wahrscheinlich seid ihr alle zusammen noch viel zu dumm, um das zu kapieren."

„Mensch, du bist ein Langweiler!", schimpfte einer der Umstehenden. „Du redest genauso wie mein Alter daher …"

„Ich …" Dann hörte ich zu sprechen auf und biss mir auf die Lippen. Ich gab es auf, diese Jungs belehren zu wollen, und stapfte zu meinem Liegeplatz hinüber, wo ich mich in der Sonne ausruhte und wieder zu Kräften kam.

Und dann gingen mir folgende Gedanken durch den Kopf. Wie würde ich mich entscheiden, wenn ich wieder einmal Hilfeschreie hören würde? Sollte ich sie ignorieren oder der Sache auf den Grund gehen, selbst auf die Gefahr hin, wieder hereingelegt zu werden?

Ich kam dann letztendlich zum Schluss, dass ich es wieder machen würde. Denn lieber dreimal umsonst jemanden retten, der meine Hilfe gar nicht brauchte, als dass ich einen Menschen seinem Schicksal überließ, der tatsächlich in großer Not war.

14. „Hilfe, ich ertrinke!"

Was war das Besondere an Stefans Fahrrad?

☐ der große Western-Sattel
☐ die Easy-Rider-Lenkstange
☐ das riesige Licht

Der See war ...

☐ ... ein natürlicher See.
☐ ... ein See, der durch Baggerarbeiten entstanden war.

Wie schimmerte das Wasser des Badesees?

☐ geheimnisvoll
☐ blau
☐ grün

Die Luftmatratze von Stefan war ...

☐ ... silbrig.
☐ ... grün.
☐ ... pinkfarben.

Wie weit von Stefan entfernt befand sich der um Hilfe rufende Junge?

☐ 50 Meter entfernt
☐ 100 Meter entfernt
☐ 200 Meter entfernt

Wie alt war der vermeintlich ertrinkende Junge?

☐ 7 Jahre
☐ 10 Jahre
☐ 12 Jahre

Wie hieß der Junge, der seine Show abgezogen hatte?

☐ Dietmar
☐ Tommy
☐ Denis

14. „Hilfe, ich ertrinke!"

Fragen allgemein

1. Wie nennt man diese Art von „Freude" der Jungs, als sie ein „Opfer" gefunden hatten?
2. Warum darf man nie mit der Hilfsbereitschaft von anderen Menschen spielen?
3. Was passiert mit einem Erwachsenen, der auf eine ähnliche Weise seine Mitmenschen hereinlegt?
4. Beschreibe den Charakter von Denis und seinen Freunden!
5. Beschreibe den Charakter von Stefan!

Rollenspiele

1. Die Eltern von Denis erfahren von dem Streich, den er gespielt hat. Wie könnten sie darauf reagieren?
2. Nehmen wir an, Stefan nimmt sich vor, niemandem mehr zu helfen. Wie könntest du ihn von dieser Meinung abbringen?
3. Nehmen wir an, ein paar Freunde aus deiner Clique machen dir den Vorschlag, bei so einem „Spaß" mitzumachen. Was sagst du?
4. Nehmen wir an, Denis sieht ein, dass er eine große Dummheit begangen hat. Wie wird das Gespräch mit Stefan verlaufen?

Arbeitsaufgaben

1. Schreibe auf ein Blatt möglichst viele Situationen, in denen Menschen anderen Menschen nur vorspielen, dass sie Hilfe brauchen.
2. Frage einmal deine Verwandten und Bekannten und natürlich auch deine Mitschüler, ob sie jemals in ihrem Leben jemandem geholfen haben, der diese Hilfe gar nicht benötigt hätte.
3. Schreibe auf einem Blatt auf, was passieren müsste, damit aus einem sogenannten „Spaß" tödlicher Ernst wird!

15. „Ich bräuchte dringend ein wenig Kohle!"

Ich bräuchte dringend etwas Kohle. Meine Mutter ist schwer krank und nimmt Medikamente, die keine Krankenkasse zahlt. Könntest du mir nicht ein bisschen aushelfen? Du bekommst alles garantiert zurück!

Du tust mir mächtig leid, Carmen. Ich weiß, dass du zurzeit viel mitmachst. Deshalb werde ich auch mein Sparschwein plündern und dir helfen. Ich hoffe aber, dass ich mein Geld wieder zurückbekomme, sobald es euch finanziell besser geht.

Mit der Kranke-Mutter-Masche habe ich schon so manchen Euro abgestaubt. Damit kann ich die Herzen meiner Freundinnen rühren.

Irgendwie kommt mir das Ganze komisch vor. Ob die Mutter wirklich so schwer krank ist? Aber ich glaube Carmen, denn schließlich ist sie eine meiner besten Freundinnen.

15. „Ich bräuchte dringend ein wenig Kohle!"

(Nina, 14) Im Jugendclub ging es hoch her. Irgendetwas gab es dort immer zu feiern. Es herrschte eine laute, ausgelassene Stimmung. Musik hämmerte aus den großen Boxen und die Kids hoben gut gelaunt ihre Cola- und Limo-Flaschen. Meine Freundin Carmen sprach mich an und zog mich dann in eine stille Ecke, weil sie sich wegen des Lärms nicht verständlich machen konnte. „Du, Nina", begann sie mit ernstem Gesicht zu sprechen und fegte die rot gefärbte Haarsträhne aus dem perfekt geschminkten Gesicht. Carmen gab sicher einen Großteil ihres Taschengeldes für Kosmetika aus. „Ich hätte eine große Bitte an dich!"
„Lass hören, Carmen!"
„Ich bräuchte dringend ein wenig Kohle. Meine Mutter ist schwer krank und nimmt Medikamente, die keine Krankenkasse zahlt. Könntest du mir nicht ein bisschen aushelfen? Du bekommst alles garantiert zurück!"
„Hm! Was hat denn deine Ma?"
„Irgendeine Abwehrreaktion des Nervensystems. Keine Ahnung, wie die Krankheit heißt. Jedenfalls zittert sie plötzlich am ganzen Körper, hat oft starke Schmerzen und kann in der Nacht nicht schlafen."
„Das tut mir leid", sagte ich voller Mitgefühl. „Und da können die Ärzte gar nichts machen?"
„Bis jetzt hat meine Mutter noch auf keine Behandlung angesprochen. Die normalen Medikamente aus der Apotheke waren hinausgeschmissenes Geld, und jetzt versuchen wir es mit alternativen Methoden. Doch die muss man selbst bezahlen, denn die Krankenkasse übernimmt diese Kosten nicht. Da mein Vater zurzeit arbeitslos ist, herrscht bei uns zu Hause Ebbe in der Kasse. Wenn du mir also ein wenig unter die Arme greifen könntest, wäre ich dir wirklich äußerst dankbar. Und keine Angst, du bekommst das Geld natürlich sofort zurück, sobald sich die Situation bessert. Du kennst mich ja, Nina. Ich lasse meine Freundinnen nicht hängen."
„Das glaube ich dir, Carmen", murmelte ich und kramte meinen Geldbeutel hervor. „Heute habe ich nicht mehr dabei als diese 20 Euro. Doch morgen in der Schule könnte ich dir noch einmal so viel bringen, wenn du willst!"
„Mensch, bist du ein Schatz!", freute sich das Mädchen im coolen Sommer-Look mit der kurzen Hose und fiel mir stürmisch um den Hals. „Es tut gut, wenn man sich auf seine Freundinnen verlassen kann."
„Ist doch selbstverständlich!", entgegnete ich und atmete das schwere, gut riechende Parfüm ein, das von Carmen ausging.
Gemeinsam gingen wir wieder zu den anderen zurück und feierten mit den Jugendlichen bis zum frühen Abend weiter. Dann verabschiedete ich mich und machte mich auf den Heimweg, denn morgen hieß es früh aufstehen und den Physikstoff wiederholen, denn es stand ein Test in diesem Fach an.
Einige Tage später sprach Carmen mich in der Schule wieder an und bat mich

15. „Ich bräuchte dringend ein wenig Kohle!"

erneut, ihr ein wenig auszuhelfen. Ohne lange zu überlegen versprach ich ihr, sie nicht im Stich zu lassen. Am darauffolgenden Tag gab ich ihr dann den Inhalt meines Sparschweins und fügte hinzu, dass ich jetzt bis zum Monatsersten völlig blank sei und ihr nichts mehr leihen könnte. Das schien Carmen einzusehen und sie bedankte sich überschwänglich für meine Hilfe.

Am Samstag, als ich durch die Fußgängerzone unserer Stadt schlenderte, traf ich Frau Hutter, die im gleichen Haus wohnte wie Carmen. Ihre Tochter Kathrin war mit mir zusammen in die gleiche Klasse gegangen, bevor sie ins Gymnasium übergewechselt war. Ich erkundigte mich beiläufig, ob sie von dem schlechten Gesundheitszustand von Carmens Mutter wusste, doch Frau Hutter schüttelte überrascht den Kopf und sagte dann: „Also, dass Frau Bader krank sein soll, überrascht mich sehr. Sie macht auf mich einen sehr gesunden Eindruck, geht einkaufen, betreibt wie immer ihren Sport und hat mit keinem Wort erwähnt, dass sie irgendwelche Probleme hat."

Ich fühlte mich wie vor den Kopf geschlagen. Das Blut rauschte in meinen Ohren. „Dann – dann ist Carmens Vater auch nicht arbeitslos, nehme ich an?"

„Wieso kommst du denn auf so etwas? Der ist irgendein mächtiges Tier in der Landesregierung und kann gar nicht arbeitslos werden, weil er Beamter ist!"

Ich musste diesen Tiefschlag erst einmal verdauen und ging verwirrt weiter durch die Straßen. „Carmen hatte mich also nach Strich und Faden belogen und ausgenutzt!", schwirrten die Gedanken durch meinen Kopf und ich nahm mir vor, ihr ordentlich meine Meinung zu sagen.

Nachtrag: Wie ich dann im Laufe der heftigen Auseinandersetzung mit Carmen erfuhr, hatte sie mehrere Freundinnen um Geld angepumpt, um ihre teuren Hobbys – darunter auch die Markenkleidung und das teure Parfüm – finanzieren zu können. Das Taschengeld ihrer Eltern reichte dafür nicht aus und so kam sie auf die Idee, ihre Freundinnen der Reihe nach auszunehmen.

15. „Ich bräuchte dringend ein wenig Kohle!"

Was wurde im Jugendclub getrunken?

☐ Bier
☐ Mineralwasser
☐ Cola und Limo

Welche Farbe hatte Carmens Haarsträhne?

☐ Gelb
☐ Rot
☐ Grün

Wie war Carmen im Jugendclub gekleidet?

☐ mit einer Jeans
☐ mit einer kurzen Hose
☐ mit einem kurzen Rock

Wie viel Geld gab Nina Carmen im Jugendclub?

☐ 20 Euro
☐ 50 Euro
☐ 100 Euro

Für welches Unterrichtsfach musste Nina am Morgen noch lernen?

☐ für Physik
☐ für Geschichte
☐ für Chemie

Kathrin, die Tochter von Frau Hutter, war mit Nina in die gleiche Klasse gegangen …

☐ … bevor sie das Schuljahr wiederholen musste.
☐ … bevor sie ins Gymnasium ging.
☐ … bevor sie die Schule wegen ihrer Übersiedlung wechselte.

Wie hieß Carmen mit Nachnamen?

☐ Hutter
☐ Meier
☐ Bader

15. „Ich bräuchte dringend ein wenig Kohle!"

Fragen allgemein

1. Was für einen Charakter hat Carmen?
2. Was für einen Charakter hat Nina?
3. Was ändert sich wohl, nachdem ihr Betrug aufgeflogen ist, für Carmen in der Klassengemeinschaft?
4. Nenne Beispiele von Erwachsenen, die über ihre Verhältnisse leben!
5. Wer könnte davon profitieren, wenn sich Menschen alle Wünsche erfüllen möchten?
6. Was kann Carmen aus diesem Vorfall lernen?
7. Kann Carmen deiner Meinung nach das verloren gegangene Vertrauen wieder zurückgewinnen?
8. Was machen viele Menschen, wenn sie von einer normalen Bank keinen Kredit mehr bekommen, aber noch einige wertvolle Dinge besitzen?
9. Nehmen wir an, die ganze Story von der kranken Mutter würde stimmen. An wen kann sich ein Erwachsener wenden, wenn er in so eine Situation gerät? Wer kann ihm helfen?

Rollenspiele

1. Wie verläuft das Gespräch zwischen Nina und Carmen, nachdem der Betrug aufgeflogen ist?
2. Nehmen wir an, Nina hätte nicht sofort bereitwillig geholfen, sondern sich geziert, ihr Geld herauszurücken: Welche Tricks hätte Carmen dann wohl angewandt, um von Nina doch noch Geld zu bekommen?

Arbeitsaufgaben

1. Gestalte ein Plakat, auf dem zu lesen ist, welche Ausreden Menschen gebrauchen, um ihre Mitmenschen „weichzuklopfen" und ihr Mitleid zu erregen!
2. Führe Interviews mit Freunden und Bekannten – natürlich auch mit deinen Mitschülern durch – ob sie schon einmal so etwas Ähnliches erlebt haben!

Besser mit Brigg Pädagogik!

Aktuelle Materialien zur gezielten Persönlichkeitsentwicklung!

Franz Rackl

Schulknigge für die Sekundarstufe 1 und 2

Ein Lernkonzept zur Persönlichkeitsbildung und Werteerziehung für die Praxis

104 S., DIN A4,
Ideen für die Praxis
Best.-Nr. 439

176 S., DIN A4,
Ideen für die Praxis
Best.-Nr. 440

Der Schulknigge bietet keine Patentrezepte, sondern **leitet die Schüler/-innen zur Selbstreflexion** sowie zur **genauen Betrachtung** gesellschaftlicher Bezüge an. Gezielte Fragestellungen und Impulse regen sie dazu an, ihre individuelle Situation bewusst zu erkennen, einzuschätzen und daraus für ihr weiteres Verhalten Schlüsse zu ziehen. Die Themen orientieren sich an der altersgemäßen Entwicklung, der Lebenswirklichkeit und den Interessen der Schüler.

Weitere Infos, Leseproben und Inhaltsverzeichnisse unter
www.brigg-paedagogik.de

Franz Rackl

Werte altersgerecht vermitteln

Integratives Schulkonzept zur Persönlichkeitsbildung und Werteerziehung

100 S., DIN A4,
Ideen für die Praxis
Best.-Nr. 409

In diesem Praxishandbuch werden die Möglichkeiten der **Persönlichkeitsbildung** im Rahmen des Schullebens ausführlich erläutert. Der organisatorische Rahmen für die Umsetzung wird schrittweise dargestellt. Mit zahlreichen prägnanten und übersichtlichen Thementafeln.

Jochen Korte

Höflich währt am längsten!

Gezielte Maßnahmen und Schulaktionen zur nachhaltigen Verbesserung der Sozialkompetenz

128 S., DIN A4
Ideen für die Praxis
Best.-Nr. 387

Dieser Band liefert außergewöhnliche, aber höchst effektive Vorschläge für **Projekte und Schulaktionen**, um das Verhalten der Schüler/-innen zu verbessern und in gewünschter Weise zu steuern. Nach einer kurzen Einführung in das Thema machen **konkrete Stundenentwürfe** mit Schritt-für-Schritt-Anleitungen die Umsetzung von Aktionen leicht. Mit Projektskizzen, Arbeitsmaterial, Kopiervorlagen und vier ausführlichen Praxisbeispielen!

Bestellcoupon

Ja, bitte senden Sie mir / uns mit Rechnung

_____Expl. Best.-Nr. _____

_____Expl. Best.-Nr. _____

_____Expl. Best.-Nr. _____

_____Expl. Best.-Nr. _____

Meine Anschrift lautet:

Name / Vorname

Straße

PLZ / Ort

E-Mail

Datum/Unterschrift   Telefon (für Rückfragen)

Bitte kopieren und einsenden/faxen an:

**Brigg Pädagogik Verlag GmbH
zu Hd. Herrn Franz-Josef Büchler
Zusamstr. 5
86165 Augsburg**

☐ Ja, bitte schicken Sie mir Ihren Gesamtkatalog zu.

Bequem bestellen per Telefon/Fax:
Tel.: 0821/45 54 94-17
Fax: 0821/45 54 94-19
Online: www.brigg-paedagogik.de

Besser mit Brigg Pädagogik!
Praxiserprobte Materialien zum Erwerb von Schlüsselkompetenzen!

Ralf Dietrich / Andrea Porkristl

Genial sozial
Soziales Lernen in der Sekundarstufe

Kopiervorlagen mit Lösungen

5. Klasse	6. Klasse	7./8. Klasse	9./10. Klasse
148 S., DIN A4	104 S., DIN A4	116 S., DIN A4	128 S., DIN A4
Best.-Nr. 542	**Best.-Nr. 543**	**Best.-Nr. 624**	**Best.-Nr. 625**

Durch soziales Lernen Schlüsselqualifikationen wie Selbst-, Sozial-, und Sachkompetenz erfolgreich im Unterricht vermitteln! Die Stundenbilder dieser Bände sind in sich **geschlossene Einheiten**, die beliebig und der jeweiligen Klassensituation angepasst, ausgewählt und eingesetzt werden können. Sie sind so konzipiert, dass sie problemlos und ohne großen Aufwand mit der ganzen Klasse umzusetzen sind und eignen sich auch für den projektorientierten Unterricht. Die Schüler/-innen arbeiten in verschiedenen Sozialformen und mit unterschiedlichen Methoden, wobei Teamfähigkeit, Reflexionsvermögen und Kritikfähigkeit geschult werden. Die Bände enthalten alle benötigten Materialien in Form von Kopiervorlagen und Lösungen sowie detaillierte methodisch-didaktische Hinweise.

Renate Potzmann

Methodenkompetenz und Lernorganisation
Planvolles Lernen und Arbeiten in der Schule und zu Hause

140 S., DIN A4, mit Kopiervorlagen
Best.-Nr. 263

Mit zahlreichen, in sich **abgeschlossenen Trainingsvorlagen** und Übungen zu Lernorganisation, Informationsbeschaffung, -aufbereitung und -verarbeitung, Arbeits-, Zeit- und Lernplanung in allen Fächern.

Weitere Infos, Leseproben und Inhaltsverzeichnisse unter www.brigg-paedagogik.de

Bestellcoupon

Ja, bitte senden Sie mir / uns mit Rechnung

_____ Expl. Best.-Nr. _____
_____ Expl. Best.-Nr. _____
_____ Expl. Best.-Nr. _____
_____ Expl. Best.-Nr. _____

Meine Anschrift lautet:

Name / Vorname

Straße

PLZ / Ort

E-Mail

Datum/Unterschrift   Telefon (für Rückfragen)

Bitte kopieren und einsenden/faxen an:

**Brigg Pädagogik Verlag GmbH
zu Hd. Herrn Franz-Josef Büchler
Zusamstr. 5
86165 Augsburg**

☐ Ja, bitte schicken Sie mir Ihren Gesamtkatalog zu.

Bequem bestellen per Telefon / Fax:
Tel.: 0821 / 45 54 94-17
Fax: 0821 / 45 54 94-19
Online: www.brigg-paedagogik.de

Besser mit Brigg Pädagogik!
Topaktuelle Materialien für den Deutschunterricht!

Felix Lauffer

Sprache üben zwischendurch – 5./6. Klasse

Band 1: Übungsblätter zu Nomen, Verb und Adjektiv

Band 2: Übungsblätter zum Wörterbuch, Trennen und Wortschatz, zur Satz- und Sprachlehre

92 S., DIN A4,
Kopiervorlagen mit Lösungen
Best.-Nr. 514

92 S., DIN A4,
Kopiervorlagen mit Lösungen
Best.-Nr. 515

Fertig erstellte Aufgabenblätter mit Lösungen für einen kreativen und spielerischen Zugang zur Sprache! Diese komplett erstellten Materialien wecken die Freude an der Sprache und vermitteln gleichzeitig wichtige fachliche Grundlagen. Die Arbeitsblätter können kopiert und gemeinsam im Unterricht oder allein als Hausaufgabe bearbeitet werden. Durch die Lösungen auf der Rückseite bietet sich auch der Einsatz im **Werkstattunterricht** und **Wochenplan** an, wobei sich die Schüler/-innen selbst kontrollieren können.

Weitere Infos, Leseproben und Inhaltsverzeichnisse unter @
www.brigg-paedagogik.de

Bernhard Gmür

Diktattraining mit interessanten Sachtexten

Diktattexte und Übungen in drei Schwierigkeitsstufen rund um Gasballon, Gummibärchen und Glühbirne

5./6. Klasse

80 S., DIN A4,
Kopiervorlagen mit Lösungen
Best.-Nr. 614

Interessante Sachtexte zu 22 bahnbrechenden Erfindungen!
Im Anschluss an jeden Text folgen jeweils ein Diktattraining sowie abwechslungsreiche Aufgaben als Rechtschreib- und Grammatiktraining. Der Schwierigkeitsgrad der Texte steigt hinsichtlich Vokabular, Textlänge und Satzzeichenverwendung langsam an. Bei jedem Text wird die Anzahl der Wörter angegeben.

Annette Weber

Aus dem Leben gegriffen: Einfache Kurzgeschichten für Jugendliche

Materialien für den Deutschunterricht

ab Klasse 7

76 S., DIN A4,
Kopiervorlagen mit Lösungen
Best.-Nr. 391

Die **acht Kurzgeschichten** sind spannend, unterhaltsam und realitätsnah. Inhaltlich sind sie so aufgebaut, dass sie durch einfachen Wortschatz und unkomplizierte Satzstrukturen auch schwächere Schüler/-innen ansprechen und lesetechnisch nicht überfordern. Mit Aufgaben, die **Textverständnis** und **Rechtschreibung** fördern, aber auch Kreativität fordern und zur selbstständigen Auseinandersetzung mit den Themen motivieren.

Bestellcoupon

Ja, bitte senden Sie mir / uns mit Rechnung

_____ Expl. Best.-Nr. _____

_____ Expl. Best.-Nr. _____

_____ Expl. Best.-Nr. _____

_____ Expl. Best.-Nr. _____

Meine Anschrift lautet:

Name / Vorname

Straße

PLZ / Ort

E-Mail

Datum/Unterschrift   Telefon (für Rückfragen)

Bitte kopieren und einsenden/faxen an:

**Brigg Pädagogik Verlag GmbH
zu Hd. Herrn Franz-Josef Büchler
Zusamstr. 5
86165 Augsburg**

☐ Ja, bitte schicken Sie mir Ihren Gesamtkatalog zu.

Bequem bestellen per Telefon / Fax:
Tel.: 0821 / 45 54 94-17
Fax: 0821 / 45 54 94-19
Online: www.brigg-paedagogik.de